# COURS
## ÉLÉMENTAIRE
# DE DROIT USUEL

SPÉCIALEMENT DESTINÉ AUX ÉLÈVES DES ÉCOLES
SECONDAIRES ET INTERMÉDIAIRES, DES ÉCOLES
NORMALES PRIMAIRES ET DES ÉCOLES
PRIMAIRES SUPÉRIEURES

### PAR A. P. A. BAUME,

AVOCAT, MEMBRE CORRESPONDANT DE L'ACADÉMIE ROYALE
DES SCIENCES, LETTRES ET ARTS DE MARSEILLE.

### TROISIÈME ÉDITION
REVUE ET AUGMENTÉE.

## PARIS,
### IMPRIMERIE ET LIBRAIRIE CLASSIQUES
### DE JULES DELALAIN,
IMPRIMEUR DE L'UNIVERSITÉ ROYALE DE FRANCE,
RUE DES MATHURINS SAINT-JACQUES.

# COURS
# DE DROIT USUEL.

ON TROUVE A LA MÊME LIBRAIRIE :

Cours théorique et pratique de Littérature, à l'usage des écoles primaires supérieures et des pensionnats, par *M. Maigrot*, professeur de littérature française à l'école primaire supérieure de la ville de Paris ; 3 parties in-12.

Première Partie. Style et Composition ; in-12.

Deuxième Partie. Histoire littéraire, genres en prose ; in-12.

Troisième Partie. Histoire littéraire, genres en vers ; in-12.

Éléments de Logique et de Rhétorique, particulièrement destinés à l'enseignement dans les institutions et les pensions de demoiselles et les écoles primaires supérieures, par *M. Gillard*, membre de la commission d'examen des directrices d'institution et de pension du département de Seine ; in-12.

Exercices (Nouveaux) de Narrations Françaises, Matières et Corrigés, par *M. Maigrot*, professeur de littérature française à l'école primaire supérieure de la ville de Paris, in-12.

Manuel de la Composition française, ou Choix de sujets entièrement neufs, en tous genres, Narrations, Discours, Lettres, Descriptions, Tableaux, tirés de l'Histoire, la Mythologie, etc., propres à être donnés en devoirs aux élèves des deux sexes, Matières et Corrigés, par *M. A. Dubois* : deuxième édition, revue et augmentée ; fort vol. in-12.

Narration (Traité de la), suivi des règles générales de l'analyse et du développement oratoire, et augmenté d'un abrégé des tropes, par *M. de Calonne*, professeur au collége Henri IV : quatrième édition ; in-12.

Petit Traité sur le Style, par *M. C. David*, professeur au collége royal de Tournon : 3e édition ; ouvrage autorisé par l'Université pour les écoles primaires supérieures normales ; in-12.

Traité classique de Littérature, comprenant : 1º l'Art d'Écrire, la Composition et la Poétique ; 2º la définition des divers genres de composition en prose et en poésie ; 3º un Précis historique de la littérature ancienne et moderne, par *M. A. Dubois*, professeur de belles-lettres en l'académie de Paris ; 1 vol. in-12.

# COURS
## ÉLÉMENTAIRE
# DE DROIT USUEL,

OUVRAGE SPÉCIALEMENT DESTINÉ AUX ÉLÈVES DES ÉCOLES
SECONDAIRES ET INTERMÉDIAIRES, DES ÉCOLES
NORMALES PRIMAIRES ET DES ÉCOLES
PRIMAIRES SUPÉRIEURES,

## Par A. P. A. BAUME,

AVOCAT, MEMBRE CORRESPONDANT DE L'ACADÉMIE ROYALE
DES SCIENCES, LETTRES ET ARTS DE MARSEILLE.

### TROISIÈME ÉDITION

REVUE ET AUGMENTÉE.

## PARIS.

### IMPRIMERIE ET LIBRAIRIE CLASSIQUES
### De JULES DELALAIN,

IMPRIMEUR DE L'UNIVERSITÉ ROYALE DE FRANCE,
RUE DES MATHURINS SAINT-JACQUES, 5.

M DCCC XLVII.

Comme chacun est obligé de se conformer aux lois, chacun doit les connaître. Parmi celles auxquelles il n'est pas permis de demeurer entièrement étranger, on peut placer au premier rang les lois civiles ; puis viennent, en importance relative, les lois commerciales.

Les lois civiles, en effet, règlent nos intérêts les plus chers ; elles embrassent tous les actes essentiels de notre vie ; elles s'emparent de l'homme dès avant sa naissance, le tiennent, comme par la main, pendant toute son existence, et le conduisent jusqu'au tombeau. Comment donc ne pas en acquérir au moins quelques notions ?

Quant aux lois commerciales, à ces lois qui tracent les devoirs et régissent les actes du commerçant, la nécessité, pour lui, de les connaître n'a pas besoin d'être démontrée.

Ainsi, répandre de plus en plus, et par tous les moyens possibles, la connaissance de nos lois les plus usuelles, c'est, à coup sûr, agir utilement.

Faire entrer la connaissance de ces lois dans tous les *degrés de l'enseignement qui en sont susceptibles,* c'est faire faire à l'instruction générale de la jeunesse un véritable progrès : *c'est remplir une lacune.*

Ce livre, qui ne possède aucun mérite sous le rapport de la science, aura, nous l'espérons, à cause du motif pour lequel il a été fait, le mérite de l'utilité.

Les numéros placés dans le texte entre parenthèses ( ) renvoient à d'autres paragraphes du texte qui ont rapport aux mêmes matières.

# COURS
## ÉLÉMENTAIRE
# DE DROIT USUEL.

## NOTIONS PRÉLIMINAIRES.

### CHAPITRE PREMIER.

Du pouvoir législatif. — Du pouvoir exécutif. — Du pouvoir judiciaire.

#### SECTION I<sup>re</sup>.

*Du pouvoir législatif.*

1. Le *pouvoir législatif* est celui qui fait, change et abolit les lois.

2. Il est exercé, à la fois,

Par le *roi*,

Par la *chambre des pairs*,

Par la *chambre des députés*.

Il faut donc pour faire une loi, la changer ou l'abolir, le consentement du roi et des deux chambres.

3. Les *membres de la chambre des pairs* sont nommés, à vie, par le roi.

4. Les *membres de la chambre des députés* sont choisis, dans chaque département, par des citoyens appelés électeurs.

5. Pour être *électeur* on doit réunir les conditions suivantes :

1° Être Français ;

2° Être âgé de vingt-cinq ans au moins ;

3° Payer deux cents francs de contributions directes.

6. Pour être *éligible,* c'est-à-dire pour pouvoir être nommé député par les électeurs, il faut :

1° Être Français ;

2° Être âgé d'au moins trente ans ;

3° Payer cinq cents francs de contributions directes.

7. La chambre des députés ne peut être élue que pour cinq ans.

8. Pour procéder à leurs travaux législatifs, les deux chambres sont convoquées chaque année, et en même temps, par le roi.

## SECTION II.

### *Du pouvoir exécutif.*

9. Le *pouvoir exécutif* appartient au roi :

Sa personne est inviolable et sacrée ;

Il commande les armées de terre et de mer ;

Il déclare la guerre, fait les traités de paix et de commerce, ainsi que les règlements et ordonnances nécessaires pour l'exécution des lois ;

En un mot, il est chargé d'administrer le royaume.

10. Le roi est secondé, dans l'administration du royaume, par les divers ministres secrétaires d'État, qui le représentent devant les chambres, et qui sont responsables des actes de la royauté.

11. Les *ministres* sont actuellement au nombre de neuf, savoir :

1° Le ministre de la justice et des cultes ;

2°  —  des affaires étrangères ;

3°  —  de la guerre ;

4°  —  de la marine et des colonies ;

5° Le ministre de l'intérieur ;
6°　—　　des travaux publics ;
7°　—　　du commerce et de l'agriculture ;
8°　—　　de l'instruction publique ;
9°　—　　des finances.

12. Le roi est encore secondé, dans l'administration générale du royaume, par diverses autorités qui agissent en son nom ; les principales autorités administratives sont :

1° Les *préfets* ;
2° Les *sous-préfets* ;
3° Les *maires* et les *adjoints.*

13. Le préfet administre un département ;
Le sous-préfet administre un arrondissement ;
Le maire administre une commune.

14. Les préfets et les sous-préfets sont nommés par le roi, sur la présentation du ministre de l'intérieur ; et, à cause des diverses branches de leur administration, les préfets se trouvent sous les ordres de tous les ministres.

15. Les maires et les adjoints sont aussi nommés par le roi, qui ne peut les choisir que parmi un certain nombre de candidats désignés par les électeurs municipaux.

16. Les devoirs des maires sont nombreux et importants :
Ils ont deux ordres de fonctions à remplir :
Les unes sont relatives à l'ordre judiciaire,
Les autres sont relatives à l'ordre administratif.

17. Les fonctions judiciaires que les maires ont à remplir consistent dans la tenue des registres de l'état civil, et dans les jugements qu'ils sont appelés à rendre en matière de simple police, concurremment

avec les juges de paix ; ils sont, de plus, officiers de police judiciaire.

18. Les fonctions administratives des maires sont de deux espèces : ils sont chargés de veiller à l'exécution des lois et règlements, et ils administrent les intérêts de la commune qu'ils représentent, et dont ils sont l'organe.

19. Les adjoints sont appelés à aider les maires et à les suppléer.

20. Les commissaires de police, dans les communes qui ont droit d'en avoir, les gardes champêtres et la gendarmerie sont sous les ordres du maire.

21. Dans chaque département il existe trois ordres de conseils, qui correspondent aux trois degrés de la hiérarchie administrative dans ce même département.

22. Ces conseils sont :

Le *conseil général de département;*

Les *conseils d'arrondissements ;*

Les *conseils municipaux.*

23. Ces trois ordres de conseils exercent des fonctions semblables, et des fonctions particulières à chacun d'eux : les membres qui les composent sont choisis par des électeurs.

Ils sont convoqués chaque année, pour s'occuper, pendant un temps déterminé, des intérêts du département, de l'arrondissement ou de la commune.

## SECTION III.

### *Du pouvoir judiciaire.*

24. Le *pouvoir judiciaire* est celui qui est chargé de rendre la justice, c'est-à-dire de prononcer sur les

contestations d'intérêt qui surviennent entre les particuliers, et d'infliger une punition à ceux qui ont violé les lois qui protégent la société.

25. Toute justice émane du roi : elle est rendue en son nom par des juges qu'il nomme; ces juges sont nombreux et possèdent des attributions diverses. mais il ne s'agit ici que des juges qui siégent dans les tribunaux ordinaires;

Ce sont :

1° Les *juges de paix;*

2° Les *juges en première instance;*

3° Les *juges* ou *conseillers en cour royale;*

4° Les *juges* ou *conseillers en cour de cassation.*

26. Ces juges, excepté les juges de paix, sont inamovibles, c'est-à-dire qu'ils ne peuvent être arbitrairement destitués, comme la plupart des fonctionnaires publics; et cela, afin qu'ils puissent distribuer la justice sans crainte et avec une pleine indépendance.

27. Les juges ne peuvent jamais refuser de juger, sous prétexte que la loi est muette ou obscure. Le juge qui le ferait se rendrait coupable de déni de justice; il commettrait un crime qui est puni par les lois pénales.

### Des justices de paix.

28. Il existe une justice de paix dans chaque canton, et dans les grandes villes on en compte plusieurs.

Les principales attributions des juges de paix sont : de concilier les particuliers qui sont en contestation, et de maintenir l'ordre public.

De plus, ils sont appelés à juger sans appel à un

autre tribunal, c'est-à-dire définitivement, les con-
traventions de simple police, ainsi que les contestations d'un faible intérêt ; et avec faculté d'appel au
tribunal d'arrondissement, les contestations d'un intérêt plus considérable.

### Des tribunaux de première instance.

29. Il y a un tribunal de première instance dans
chaque arrondissement.

Ces tribunaux jugent en appel, c'est-à-dire une
seconde fois et définitivement, les contestations déjà
jugées une première fois par le juge de paix.

Ils jugent en première instance, c'est-à-dire une
première fois, et avec la faculté d'appel en cour
royale, toutes les contestations entre particuliers,
mais d'un intérêt trop majeur pour être portées d'a-
bord en justice de paix.

Ils jugent aussi correctionnellement et avec appel
les délits de police.

### Des cours royales.

30. Les cours royales ne sont qu'au nombre de
vingt-six pour toute la France, et possèdent chacune, dans leur ressort, un certain nombre de tribunaux de première instance.

Elles jugent en appel et définitivement, c'est-à-
dire pour la seconde et dernière fois, les contestations entre particuliers et les délits de police déjà
jugés une première fois par les tribunaux de première instance de leur ressort.

Les cours royales sont aussi appelées, en formant
une cour d'assises, à prononcer les peines encourues

par les accusés de crimes, jugés coupables par le jury.

Les membres du jury se nomment jurés. Dans une affaire criminelle, ces jurés sont au nombre de douze. Les jurés sont pris, dans chaque département, parmi les citoyens électeurs et parmi les personnes qui offrent certaines garanties de capacité.

### De la cour de cassation.

31. La cour de cassation est unique pour toute la France, et son siége est à Paris.

On peut porter devant elle toutes les affaires qui ont été jugées définitivement par les divers tribunaux. Mais elle n'est point appelée à juger les affaires une troisième fois : elle examine si, dans les jugements rendus et dans la procédure suivie pour les rendre, il n'y a aucune violation de la loi.

Si elle reconnaît qu'il y a eu violation de la loi, le jugement est cassé, anéanti, et l'affaire est envoyée devant un autre tribunal, pour être de nouveau jugée, comme si elle ne l'avait pas été.

### Du ministère public.

32. Outre les juges et les conseillers, il se trouve auprès de la cour de cassation, de chaque cour royale et de chaque tribunal de première instance, un magistrat chargé de représenter le roi.

Celui qui est placé près de la cour de cassation et d'une cour royale se nomme *procureur général du roi*, et les principaux magistrats qui l'aident dans ses fonctions se nomment *avocats généraux*.

Le magistrat attaché à un tribunal de première instance se nomme simplement *procureur du roi*, et les magistrats qui le secondent se nomment *sub-stituts*.

Les principaux devoirs de ces divers magistrats consistent à veiller à l'exécution des lois et à l'ordre public, à poursuivre les crimes et les délits, et à prendre les intérêts des personnes qui ne peuvent se défendre elles-mêmes.

## CHAPITRE II.

De la loi. — Formation de la loi. — Promulgation de la loi. Abolition de la loi. — Effets de la loi.

### SECTION I<sup>re</sup>.

### *De la loi.*

33. La *loi* a une double origine : elle nous vient de Dieu ou des hommes.

34. La loi qui nous vient de Dieu se nomme *loi naturelle :* elle ne change point, elle est immuable comme Dieu lui-même ; et elle consiste dans les sentiments d'équité gravés dans notre cœur et dont chacun éprouve les effets.

35. La loi qui nous vient des hommes, étant le résultat de leur volonté, est essentiellement changeante.

En France, c'est le pouvoir législatif qui fait, change et abolit les lois, suivant les besoins de la société.

Ces lois ont été ajoutées aux lois naturelles par suite de la réunion des hommes en société ; cet état de société a fait naître entre les divers membres qui la composent de nouveaux intérêts, de nouveaux rapports, qu'il fallait régler.

36. Le propre de la loi est de *permettre*, de *défendre*, de *commander* et de *punir*.

37. La *sanction de la loi*, quelle que soit son origine, est la peine ou la récompense, le bien ou le mal qui résulte de l'observation ou de la violation de la loi.

## SECTION II.

### *Formation de la loi.*

38. Quatre conditions sont nécessaires pour faire, en France, une loi :

1° L'*initiative*;

2° Le *consentement de la chambre des pairs*;

3° Le *consentement de la chambre des députés*;

4° La *sanction du roi*.

39. On appelle *initiative* le droit de proposer une loi, d'en présenter le projet au pouvoir législatif : c'est le commencement de la formation de la loi. Puis le pouvoir législatif discute, change et convertit en loi ce projet.

Le droit d'initiative appartient au roi et à chacune des deux chambres.

40. La *sanction du roi* est l'approbation que le roi donne à une loi adoptée par les deux chambres : cette approbation rend cette loi parfaite ; mais elle n'est point encore obligatoire, car elle n'est pas encore promulguée.

## SECTION III.

### *Promulgation de la loi.*

41. Promulguer une loi, c'est la rendre *publique*, c'est la porter à la connaissance de tous, afin qu'elle puisse être exécutée. Au roi seul appartient le droit de promulguer une loi.

**42.** Quand une loi est promulguée, elle n'est pas exécutoire en même temps par toute la France : elle ne l'est que successivement, et à mesure qu'elle peut être connue dans chaque chef-lieu de département, et d'après les règles établies par la loi.

### SECTION IV.

#### *Abolition de la loi.*

**43.** Une loi est abolie quand elle est *abrogée*, et elle peut être abrogée de deux manières : ou expressément, ou tacitement.

**44.** Elle est abrogée expressément lorsque le législateur, faisant une nouvelle loi sur un même objet, dit positivement dans cette nouvelle loi que l'ancienne est révoquée.

**45.** Elle est abrogée tacitement quand la nouvelle loi, sans exprimer que l'ancienne est révoquée, renferme cependant des règles qui sont contraires à celles de l'ancienne loi, de manière que les deux lois ne peuvent subsister ensemble.

### SECTION V.

#### *Des effets de la loi.*

**46.** Les lois ne peuvent avoir d'effet rétroactif, c'est-à-dire qu'elles ne peuvent régler ce qui est passé ; elles ne peuvent disposer que pour l'avenir : sans quoi rien ne serait certain ; il y aurait perturbation dans la société.

**47.** Les lois de police et de sûreté obligent l'étranger résidant en France, même temporairement, comme le Français lui-même : pendant son séjour, l'étranger est protégé par ces lois ; il est juste qu'il s'y conforme, qu'il ne les viole pas.

**48.** Les lois civiles se divisent en *lois personnelles* et en *lois réelles*.

Les *lois personnelles* régissent l'état et la capacité des Français : ces lois obligent le Français, quel que soit le pays du globe qu'il habite ; elles le suivent partout.

Les *lois réelles* sont celles qui régissent la disposition des biens : ces lois règlent les biens immeubles, même quand ils sont possédés par des étrangers.

# CHAPITRE III.

### Du droit des gens. — Du droit public. — Du droit privé ou civil.

## SECTION I.

### Du droit des gens.

**49.** Le *droit des gens* est l'ensemble des règles que suivent les nations les unes à l'égard des autres, soit en temps de paix, soit en temps de guerre.

Ces règles sont établies par l'usage et par des conventions que l'on nomme *traités*.

## SECTION II.

### Du droit public.

**50.** Le *droit public* est le recueil ou l'ensemble des lois qui règlent les rapports qui existent entre une nation et les particuliers qui la composent.

La base du droit public, en France, est dans la *charte constitutionnelle*.

## SECTION III.

### Du droit privé ou civil.

**51.** Le *droit privé* ou *civil* est le recueil des lois qui règlent les intérêts des particuliers entre eux, par rapport à leur personne et par rapport à leurs biens.

52. Le droit privé se trouve renfermé dans plusieurs codes ou recueils de lois.

Les principaux de ces codes sont : le *code civil* et le *code de commerce.*

53. Mais il ne suffisait pas de régler par des lois les rapports et les intérêts des particuliers entre eux ; il fallait encore tracer la marche à suivre pour se faire rendre justice devant les tribunaux, quand nos intérêts se trouvent lésés : c'est ce que le législateur a fait dans le *code de procédure civile.*

54. Il existe encore deux autres codes ou recueils de lois, qui ont pour but de garantir la tranquillité de l'État et la sûreté des particuliers ; ces codes sont : le *code pénal* et le *code d'instruction criminelle.*

Le *code pénal* contient les lois qui déterminent les crimes et les délits, ainsi que les peines que le juge doit appliquer.

Le *code d'instruction criminelle* indique la marche à suivre pour poursuivre en justice la punition des délits et des crimes.

# NOTIONS
# DE DROIT CIVIL.

55. Le code civil est divisé en trois livres :

Le *premier livre* traite des personnes, de leur état et de leur capacité;

Le *deuxième livre* établit la distinction des biens, fait connaître le droit de propriété et les diverses modifications de ce droit;

Le *troisième livre* règle de quelles manières on peut acquérir, conserver et transmettre les biens.

## LIVRE PREMIER.

### CHAPITRE PREMIER.

De l'état et de la capacité des personnes. — De la jouissance et de la privation des droits civils. — Du domicile.

#### SECTION I<sup>re</sup>.

*De l'état et de la capacité des personnes.*

56. L'*état* d'une personne est la position qu'elle occupe par rapport à la société, comme celle de mineur, de majeur, d'époux, d'interdit, etc.

57. La *capacité* d'une personne est son aptitude à exercer elle-même ses droits civils; la capacité découle de l'état : un mineur ne peut pas lui-même exercer ses droits civils; un majeur en est capable.

## SECTION II.

### *De la jouissance et de la privation des droits civils.*

58. Les *droits civils* consistent dans la faculté de faire tous les actes de la vie réglés par les lois civiles, comme de se marier, de faire un testament, de s'obliger, de succéder, etc.

59. Les *droits politiques* consistent dans la faculté de participer à la puissance publique, comme d'être électeur, juré, député, etc.

60. L'exercice des droits politiques n'appartient qu'aux citoyens français; et cette qualité de citoyen est indépendante de l'exercice des droits civils, car un étranger peut jouir des droits civils.

61. On doit distinguer dans plusieurs cas la jouissance et l'exercice des droits civils : un mineur, une femme mariée, jouissent des droits civils, mais ne les exercent pas : ceux du mineur sont exercés par le père ou par le tuteur; ceux de la femme, par le mari.

#### De la jouissance des droits civils.

62. Tout Français est appelé à jouir des droits civils.

Les étrangers résidant en France, et tout en restant tels, peuvent aussi jouir des droits civils, mais seulement quand ils fixent leur résidence en France avec l'autorisation du roi.

63. La qualité de Français s'acquiert de deux manières :

1° Par *droit de naissance;*

2° Par le *bienfait de la loi.*

64. On est Français par droit de naissance quand on est né en France de parents français, ou encore, en pays étranger, mais d'un père français qui n'a point perdu cette qualité.

65. Peuvent devenir Français par le bienfait de la loi :

1° L'étranger qui se fait naturaliser ;

2° L'étrangère qui épouse un Français ;

3° L'enfant né en France de parents étrangers ;

4° L'enfant né en pays étranger d'un père français qui a perdu cette qualité.

Les deux derniers doivent remplir à leur majorité certaines formalités, et se soumettre aux conditions imposées par la loi.

### De la privation des droits civils.

66. On peut être privé de la jouissance des droits civils de deux manières :

1° Par la *perte de la qualité de Français;*

2° Par suite de *condamnation judiciaire.*

67. La qualité de Français peut se perdre de quatre manières :

1° Par la naturalisation acquise en pays étranger ;

2° Quand on va se fixer en pays étranger, sans esprit de retour ;

3° Quand on accepte d'un gouvernement étranger des fonctions publiques sans l'autorisation du roi ;

4° Quand une femme française épouse un étranger.

68. Une condamnation judiciaire, outre la peine infligée, peut faire perdre au condamné, ou une partie des droits civils, ou tous les droits civils.

La peine qui entraîne à sa suite la mort civile enlève la jouissance de tous les droits civils : par exemple, la condamnation aux travaux forcés à perpétuité, à la déportation.

## SECTION III.

### *Du domicile.*

69. On distingue deux espèces de domicile : le *domicile civil* et le *domicile politique ;* on ne doit pas confondre ces divers domiciles avec la simple résidence.

70. Le *domicile politique* est le lieu où une personne exerce ses droits politiques : il peut être différent de son domicile civil.

71. Le *domicile civil* est le lieu où une personne a son principal établissement, le siége de sa fortune, le centre de ses affaires : c'est là qu'elle exerce ses droits civils.

72. On nomme résidence le lieu où l'on habite, sans y avoir établi le centre de ses affaires.

73. Le domicile civil se subdivise en domicile *d'origine*, domicile *réel*, domicile *d'élection.*

74. Le *domicile d'origine* est le lieu où l'on est né : on conserve ce domicile tant que l'on n'a rien fait qui indique qu'on a eu l'intention de le changer.

75. Le *domicile réel* est celui qu'une personne a actuellement ; il peut ne pas être le domicile d'origine.

76. Le *domicile d'élection* est celui qu'une personne choisit pour faciliter l'exécution d'une affaire ; on peut avoir plusieurs domiciles d'élection.

77. Dans un grand nombre de cas, il est très-

important que le domicile civil d'une personne soit bien déterminé.

78. Pour changer de domicile, il est sage de remplir les formalitéei indiquées par la loi, qui consistent en une déclaration faite à la mairie du lieu que l'on quitte et à celle du lieu où l'on vient se fixer ; sinon le juge, en cas de contestation, doit se guider d'après les circonstances pour savoir si une personne a eu, ou non, l'intention de changer son domicile civil.

# CHAPITRE II.

Des actes de l'état civil. — Règles communes à tous les actes de l'état civil. — Règles particulières à chaque espèce d'actes de l'état civil. — De la rectification des actes de l'état civil.

## SECTION 1re.

### Des actes de l'état civil.

79. On appelle *actes de l'état civil* les écrits qui constatent la *naissance*, le *mariage* et la *mort* des Français.

80. Les actes de l'état civil sont inscrits sur un ou plusieurs registres tenus doubles par l'officier de l'état civil ; dans chaque commune, c'est le maire ou ses adjoints qui remplissent les fonctions d'officier de l'état civil.

81. Comme les actes de l'état civil sont d'une grande importance pour les familles, les maires chargés de tenir les registres doivent le faire très-exactement, dans la forme et d'après les règles établies par la loi ; sinon, des peines plus ou moins fortes leur

sont infligées, et ils peuvent de plus être condamnés à payer des dommages et intérêts, si leur négligence ou leurs fautes ont causé préjudice à quelqu'un.

82. A la fin de chaque année, l'officier de l'état civil doit clore et arrêter les registres, en conserver un aux archives de la mairie, et envoyer l'autre au greffe du tribunal de première instance dans le ressort duquel se trouve la commune.

83. Toute personne peut se faire délivrer des extraits des actes de l'état civil, soit à la mairie où les actes ont été reçus, soit au greffe du tribunal de l'arrondissement.

84. Il y a des règles particulières aux actes de l'état civil faits en mer sur les navires de l'État et les navires de commerce, ainsi qu'aux armées qui se trouvent en campagne, et dans les prisons et les hôpitaux.

85. Il y a des règles qui sont applicables à tous les actes de l'état civil et des règles particulières à chaque espèce d'acte.

## SECTION II.

*Règles communes à tous les actes de l'état civil.*

86. Les actes de l'état civil doivent énoncer l'*année*, le *jour* et l'*heure* où ils sont reçus ; les *prénoms, nom, âge, profession* et *domicile* de ceux qui y sont dénommés.

87. Les témoins appelés pour constater ce qui est déclaré doivent être majeurs de vingt et un ans, du sexe masculin : ils sont choisis par les personnes intéressées.

88. L'officier de l'état civil doit donner lecture de l'acte, et y faire mention que cette formalité a été

remplie; puis l'acte est signé par l'officier de l'état civil, par les témoins et les comparants. Si un ou plusieurs témoins ou comparants ne peuvent ou ne savent signer, mention en est faite dans l'acte.

## SECTION III.

*Règles particulières à chaque espèce d'acte de l'état civil.*

### Des actes de naissance.

89. La déclaration de la naissance d'un enfant doit être faite, dans les trois jours qui suivent cette naissance, à l'officier de l'état civil du lieu de la naissance.

90. La déclaration doit être faite par le père de l'enfant; à défaut du père, par une des personnes qui auront assisté à la naissance de l'enfant : cette règle étant obligatoire, son infraction est passible d'une peine.

91. L'enfant doit être présenté, lors de la déclaration, à l'officier de l'état civil, et deux témoins doivent assister à la rédaction de l'acte, lequel doit énoncer le jour, l'heure, le lieu de la naissance, le sexe, les nom, prénoms donnés à l'enfant, ainsi que ceux des père et mère, ou au moins de la mère, si le père n'est pas déclaré.

### Des actes de mariage.

92. On ne peut se marier quand on veut, ni avec toute espèce de personne, ni à tout âge; on ne peut non plus épouser plusieurs femmes, et une femme ne peut avoir plusieurs maris : de là, nécessité de rendre publics les projets de mariage; de là, remise

de diverses pièces à l'officier de l'état civil, avant la célébration du mariage.

93. Quand les publications du projet de mariage ont été faites, quand les oppositions au mariage, s'il y en a eu, ont été levées, et que les futurs époux ont remis à l'officier de l'état civil les pièces exigées par la loi, cet officier procède à la célébration du mariage au jour indiqué par les futurs époux : il doit être célébré publiquement.

94. L'officier de l'état civil, en présence de quatre témoins, donne d'abord lecture des pièces relatives à l'état des époux et aux formalités du mariage ; puis il leur fait connaître les articles du code civil qui concernent les devoirs respectifs des époux ; puis il demande à l'un et à l'autre s'ils veulent se prendre pour mari et pour femme ; enfin, après leur réponse affirmative, il prononce qu'*au nom de la loi, ils sont unis par les liens du mariage.*

95. L'acte de mariage doit indiquer si les époux sont mineurs ou majeurs, le lieu de leur naissance, et faire mention de tout ce qui a précédé le mariage et des pièces produites.

### Des actes de décès.

96. La déclaration de décès doit être faite immédiatement par deux témoins, qui seront, s'il est possible, les deux plus proches parents ou voisins.

97. L'acte doit contenir l'âge de la personne décédée, ses prénoms, nom, profession et domicile, ainsi que des témoins déclarants ; il doit dire si ces derniers sont parents, et à quel degré, et si la personne était veuve ou mariée. Enfin, l'acte doit renfermer le plus de renseignements possibles.

98. Après la déclaration du décès, l'officier de l'état civil se transporte près de la personne décédée, pour s'assurer du décès. Puis il peut délivrer l'autorisation nécessaire pour inhumer le corps.

Aucune inhumation ne doit être faite qu'au moins vingt-quatre heures après le décès.

## SECTION IV.

### *De la rectification des actes de l'état civil.*

99. Aucune rectification des actes de l'état civil ne peut être faite que quand un jugement l'a permis.

100. Le jugement est inscrit sur les registres de l'état civil, et mention en est faite en marge de l'acte rectifié. Cette rectification ne peut être opposée qu'à ceux qui l'ont demandée et qui ont obtenu le jugement.

## CHAPITRE III.

Des absents.—De la présomption d'absence.—De la déclaration d'absence. — De l'envoi en possession définitif des biens.

### SECTION Iʳᵉ.

### *Des absents.*

101. L'*absence*, dans le langage du droit, et quand elle a été constatée par un jugement, est l'état d'une personne qui a disparu de son domicile, sans que l'on sache ce qu'elle est devenue, ou dont on a cessé de recevoir des nouvelles.

102. Il y a trois périodes à considérer quant à l'absence :

1° La présomption d'absence ;

2° La déclaration d'absence, et, par suite, l'envio en possession provisoire des biens ;

3° L'envoi en possession définitif des biens.

## SECTION II.

### *De la présomption d'absence.*

103. Quand une personne a disparu depuis quelque temps de son domicile, et que ses biens se trouvent sans administrateur, les *intéressés* peuvent demander au tribunal de première instance qu'il soit pourvu à l'administration.

104. La période de la présomption d'absence dure au moins cinq ans : elle commence au jour de la disparition, et se termine au jour de la déclaration d'absence.

Pendant cette première période, l'absent est présumé plutôt vivant que mort.

## SECTION III.

### *De la déclaration d'absence.*

105. Après quatre ans écoulés depuis qu'une personne a cessé de donner de ses nouvelles, ou a quitté son domicile ou sa résidence, les héritiers présomptifs du présumé absent peuvent demander au tribunal de première instance que l'absence soit déclarée.

106. Le tribunal et le procureur du roi prennent tous les renseignements possibles sur les causes de l'absence, avant qu'il soit répondu à la demande ; puis les jugements qui ont été prononcés sont en-

voyés par le procureur du roi au ministre de la justice, qui les rend publics.

107. Enfin, un an après le jour de la demande, le tribunal peut prononcer le jugement de déclaration d'absence, et envoyer, par ce même jugement, les héritiers présomptifs en possession provisoire des biens de l'absent.

108. Les héritiers envoyés en possession ne sont que les dépositaires des biens de l'absent.

Ils doivent les administrer en bons pères de famille, et donner caution pour assurer leur bonne administration; car ils peuvent être dans le cas d'en rendre compte.

109. Si le déclaré absent reparaît après les divers laps de temps fixés par la loi, les envoyés en possession ne sont obligés que de lui rendre une certaine portion des revenus; mais après trente ans tous les revenus leur appartiennent.

Pendant cette deuxième période, il y a doute sur l'existence ou la mort du déclaré absent.

SECTION IV.

*De l'envoi en possession définitif des biens.*

110. S'il s'est écoulé trente ans depuis l'envoi en possession provisoire, ou cent ans depuis la naissance de l'absent, les ayants droit peuvent demander la possession définitive et le partage des biens.

111. Si, durant cette troisième période, l'absent vient à reparaître, les envoyés en possession définitive doivent rendre les biens dans l'état où ils se trouvent; mais tous les revenus leur appartiennent.

Pendant cette dernière période, l'absent est présumé plutôt mort que vivant.

# CHAPITRE IV.

Du mariage. —Des qualités et conditions nécessaires pour pouvoir se marier. — Des formalités relatives à la célébration du mariage. — Des obligations qui naissent du mariage. —Des droits et devoirs respectifs des époux. — De la séparation de corps. — De la dissolution du mariage.—Des seconds mariages.

## SECTION Ire.

### Du mariage.

112. C'est le mariage qui peuple les États; c'est le mariage qui forme les familles : il a toujours été l'objet de la plus grande attention de la part des législateurs de tous les pays civilisés.

On peut le définir : la société de l'homme et de la femme, qui s'unissent suivant les règles établies par la loi civile.

## SECTION II.

### Des qualités et conditions nécessaires pour pouvoir se marier.

113. L'*homme* ayant *dix-huit ans,* et la *femme* ayant *quinze ans révolus,* ne peuvent contracter mariage.

114. Le consentement libre des époux est indispensable; sans quoi il n'y a point de mariage.

115. On ne peut contracter un second mariage avant la dissolution du premier, sans commettre un crime très-sévèrement puni.

116. Le fils de famille qui n'a pas vingt-cinq ans accomplis ne peut contracter mariage sans le consentement de son père et de sa mère : il en est de

même pour la fille qui n'a pas vingt et un ans accomplis.

S'il y a dissentiment entre le père et la mère, le consentement du père suffit, et si le père est décédé ou ne peut manifester sa volonté, il n'est besoin que du consentement de la mère.

Si le père et la mère sont décédés ou ne peuvent manifester leur volonté, ils sont remplacés par les aïeuls et les aïeules de la ligne paternelle et de la ligne maternelle.

Si l'aïeul et l'aïeule de la même ligne ne sont pas d'accord, le consentement de l'aïeul est suffisant, et s'il y a dissentiment entre les deux lignes, ce désaccord emporte consentement.

Enfin, s'il n'existe ni père, ni mère, ni aïeuls, ni aïeules, et si les fils ou filles qui veulent se marier sont mineurs de vingt et un ans, ils ne le peuvent sans le consentement du conseil de famille.

117. L'homme après vingt-cinq ans, la fille après vingt et un ans, quoique le consentement du père et de la mère, ou des aïeuls et aïeules, ne soit plus indispensable, ne peuvent néanmoins contracter mariage sans leur avoir demandé ce consentement, et s'il y a refus, sans avoir demandé leur conseil, par un ou plusieurs actes respectueux, suivant les circonstances.

118. On a dit (92) qu'on ne pouvait se marier avec toute espèce de personne ; en effet, le mariage est prohibé :

1° *En ligne directe,* entre les ascendants et les descendants et les alliés dans la même ligne;

2° *En ligne collatérale,* entre le frère et la sœur, et les alliés au même degré; entre l'oncle et la nièce, la tante et le neveu.

Cependant le roi peut autoriser, pour des causes graves, le mariage entre l'oncle et la nièce, la tante et le neveu.

## SECTION III.

*Des formalités relatives à la célébration du mariage.*

119. On a fait connaître les principales formalités qui doivent précéder la célébration du mariage, et qui concernent cette célébration, en parlant des actes de mariage (92).

Nous ajouterons que le mariage doit être célébré publiquement par l'officier de l'état civil du domicile de l'un des époux;

Que les deux publications du projet de mariage doivent être faites à la municipalité du domicile de chacun des futurs époux, et que, s'ils sont sous la puissance d'autrui, les publications doivent aussi être faites à la municipalité des personnes sous la puissance desquelles les époux se trouvent.

120. Il faut remarquer néanmoins que le mariage contracté par le Français en pays étranger sera valable, s'il a été célébré dans les formes usitées dans le pays, et si le Français s'est conformé aux conditions imposées par la loi française pour pouvoir se marier; car les lois personnelles, comme on sait, suivent le Français partout où il se trouve.

### Des oppositions au mariage.

121. Les oppositions au mariage ont pour but d'empêcher que le mariage ne soit contracté; et l'officier de l'état civil ne peut le célébrer sans que les oppositions ne soient levées.

**122.** Peuvent mettre opposition au mariage principalement :

1° La personne déjà engagée par mariage avec l'un des futurs époux ;

2° Le père et la mère ; à défaut, les aïeuls et aïeules des futurs époux ;

3° Dans certains cas, le frère ou la sœur, l'oncle ou la tante, les cousines et cousins germains.

Tous les opposants doivent désigner dans l'acte les motifs de l'opposition, excepté les ascendants.

**123.** Si l'opposition est rejetée par le tribunal, les opposants, autres que les ascendants, peuvent être condamnés à des dommages et intérêts envers les futurs époux.

### Des demandes en nullité de mariage.

**124.** Les demandes en nullité de mariage se présentent rarement et sont difficilement admises.

Cependant peuvent principalement demander la nullité du mariage :

1° Celui des époux dont le consentement n'a pas été libre ;

2° La personne déjà engagée par les liens du mariage avec l'un des époux.

### SECTION IV.

*Des obligations qui naissent du mariage.*

**125.** Le mariage soumet les époux et les enfants qui en proviennent à de grandes obligations.

La principale pour les époux consiste à nourrir, entretenir, élever les enfants, de manière à pouvoir les mettre un jour en état de gagner leur existence.

**126.** De plus, les époux doivent fournir des aliments, suivant leurs moyens, à leurs enfants, gendres ou belles-filles qui sont tombés dans le besoin ; mais réciproquement, et dans les mêmes circonstances, les enfants, gendres et belles-filles doivent en fournir à leurs père et mère, beau-père et belle-mère.

## SECTION V.

### *Des droits et devoirs respectifs des époux.*

127. Les droits et devoirs des époux sont de deux sortes : les uns les concernent tous les deux ; les autres sont particuliers à chaque époux.

128. Les droits et devoirs qui regardent les deux époux, c'est qu'ils se doivent mutuellement fidélité, secours, assistance.

129. Les devoirs qui regardent le mari en particulier sont :

1° Qu'il doit protection à sa femme ;

2° Qu'il doit la recevoir chez lui, et lui fournir ce qui est nécessaire à ses besoins, suivant ses moyens et sa position dans la société.

130. Les devoirs qui concernent la femme en particulier sont :

1° Qu'elle doit obéissance au mari ;

2° Qu'elle est obligée d'habiter avec le mari et de le suivre partout où il juge raisonnablement à propos d'habiter ;

3° Qu'elle ne peut, sans le consentement de son mari ou l'autorisation de la justice, ni aliéner, ni s'engager, ni recevoir à titre gratuit, ni, en général, se présenter en justice.

## SECTION VI.

### *De la séparation de corps.*

131. On appelle *séparation de corps* la faculté que le juge accorde à deux époux de vivre séparés l'un de l'autre, sans pourtant que le mariage soit dissous.

132. On peut demander la séparation de corps pour trois causes :

1° Pour adultère ;

2° Pour sévices, excès, injures graves ;

3° Par suite de la condamnation de l'un des époux à une peine infamante.

133. La séparation de corps entraîne toujours la séparation de biens ; mais la séparation de corps ne fait pas que la femme ne dépende plus du tout de son mari ; la puissance maritale n'est pas entièrement détruite : la séparation n'accorde à la femme que la faculté d'administrer sa personne et ses biens.

134. Les époux peuvent toujours faire cesser la séparation de corps, en consentant à habiter de nouveau ensemble.

## SECTION VII.

### *De la dissolution du mariage.*

135. Le mariage est dissous par deux causes :

1° Par la mort naturelle ;

2° Par la mort civile (68).

## SECTION VIII.

### *Des seconds mariages.*

136. Après la dissolution du mariage, l'homme peut se remarier quand il veut ; la femme ne peut le faire qu'après dix mois révolus, depuis la dissolution du précédent mariage.

# CHAPITRE V.

De la paternité, de la filiation des enfants légitimes. — Des enfants naturels, de leur reconnaissance et de leur légitimation.—Des enfants adultérins et des enfants incestueux.— De la puissance paternelle, des droits du père et de la mère sur la personne et les biens de leurs enfants. — De la tutelle officieuse. — De l'adoption, de la forme et des effets de l'adoption.

## SECTION I<sup>re</sup>.

*De la paternité, de la filiation des enfants légitimes.*

137. Le mot *paternité* exprime la qualité de père ; le mot *filiation,* la qualité de fils.

138. On appelle enfant *légitime* celui qui provient d'une union célébrée, suivant la loi, par l'officier de l'état civil.

## SECTION II.

*Des enfants naturels, de leur reconnaissance et de leur légitimation.*

139. On appelle enfant *naturel* celui qui provient d'une union qui n'a pas été célébrée, suivant la loi, par l'officier de l'état civil.

140. Les enfants naturels n'appartiennent, aux yeux de la loi, à aucune famille tant qu'ils n'ont pas été reconnus par le père et la mère, ou par l'un d'eux ; cette reconnaissance peut se faire, ou dans l'acte de naissance, ou par un acte authentique.

141. La légitimation est un effet de la loi qui fait considérer un enfant provenant d'une union qui n'a pas été célébrée suivant la loi comme s'il était provenu d'une union légitime.

142. La légitimation ne peut avoir lieu que par

le mariage du père et de la mère de l'enfant ; mais il faut qu'avant le mariage l'enfant ait été reconnu par le père et la mère, dans la forme indiquée (140).

## SECTION III.

### *Des enfants adultérins et des enfants incestueux.*

143. On nomme enfant *adultérin* celui qui provient d'un père et d'une mère qui sont l'un et l'autre, ou l'un d'eux seulement, déjà engagés dans les liens d'une union légitime.

144. On nomme enfant *incestueux* celui qui provient d'un père et d'une mère qui sont parents à un degré qui empêche le mariage entre eux (118).

145. Comme les enfants incestueux et adultérins n'appartiennent jamais, aux yeux de la loi, à aucune famille, ils ne peuvent jamais être ni reconnus, ni légitimés.

## SECTION IV.

### *De la puissance paternelle, des droits du père et de la mère sur la personne et les biens de leurs enfants.*

146. La *puissance paternelle* est un droit donné, par la nature et la loi, aux pères et mères sur la personne et les biens de leurs enfants.

147. Pendant le mariage, la puissance paternelle appartient au père seul.

148. Les droits des pères et mères sur la personne de leurs enfants sont :

1° Que les pères et mères peuvent exiger de leurs enfants, quel que soit leur âge, honneur, respect, déférence ;

2° Que les pères et mères peuvent les faire enfermer dans une maison de correction , quand ils leur causent, par leur mauvaise conduite, de graves sujets de mécontentement;

3° Que les enfants, jusqu'à leur majorité ou leur émancipation, ne peuvent quitter la maison paternelle, ou la maison dans laquelle les parents les ont placés, sans leur consentement, à moins que ce ne soit pour prendre du service dans les armées de terre ou de mer, mais seulement quand le mineur a dix-huit ans accomplis;

4° Que les pères et mères, quand ils sont tombés dans le besoin, peuvent exiger de leurs enfants une pension alimentaire.

149. Les droits sur les biens consistent dans la jouissance des biens personnels de leurs enfants, jusqu'à ce que ceux-ci aient atteint l'âge de dix-huit ans, ou jusqu'à leur émancipation.

Et on doit ajouter qu'ils sont héritiers à réserve pour une portion des biens que laissent les enfants, quand ils meurent sans descendants.

### SECTION V.

*De la tutelle officieuse.*

150. La *tutelle officieuse* est l'engagement que prend volontairement une personne de nourrir, d'élever gratuitement un mineur, d'administrer sa personne et ses biens, et de le mettre en état de gagner sa vie à sa majorité.

151. Pour devenir tuteur officieux, il faut réunir les trois conditions suivantes :

1° Être âgé de cinquante ans ;

2° N'avoir ni enfants, ni descendants légitimes ;

3° Et, si l'on est marié, avoir le consentement de son conjoint.

152. Tout mineur ne peut être pris en tutelle officieuse ; il doit réunir les deux conditions suivantes :

1° Avoir moins de quinze ans ;

2° Avoir le consentement de ses père et mère, et,
à leur défaut, des personnes sous l'autorité desquelles
il se trouve placé.

153. Le tuteur officieux est responsable de l'administration des biens du pupille, et doit, par conséquent, en rendre compte.

154. C'est au juge de paix du domicile du mineur
que l'on doit s'adresser pour dresser l'acte qui
constate que l'on prend ce mineur en tutelle officieuse.

155. La tutelle officieuse a été créée pour favoriser
l'adoption : d'où il résulte qu'après que la tutelle
aura duré cinq ans, le tuteur, dans la crainte de
mourir avant la majorité du pupille, pourra, par testament, lui conférer l'adoption.

156. Si, après la majorité du pupille, le tuteur officieux ne lui confère pas l'adoption, et si ce pupille
n'a pas été mis en état de gagner sa vie, le tuteur
officieux pourra être condamné à indemniser le pupille de l'incapacité où il l'a laissé.


## SECTION VI.

*De l'adoption, de la forme et des effets de l'adoption.*

157. L'*adoption* est une convention entre l'adoptant et l'adopté, par laquelle l'adopté, sans sortir
de sa famille naturelle, devient, par la force de la
loi, fils de l'adoptant.

158. Pour pouvoir adopter, il faut réunir les
conditions suivantes :

1° Être âgé de cinquante ans ;

2° N'avoir, lors de l'adoption, ni enfants, ni descendants légitimes ;

3° Si l'on est marié, avoir le consentement de son conjoint ;

4° Avoir, pendant au moins six ans, donné des soins de père à celui que l'on veut adopter ;

5° Avoir quinze ans au moins de plus que l'adopté.

159. Si cependant la personne que l'on veut adopter a sauvé, dans un danger, la vie à l'adoptant, il n'est pas nécessaire que ce dernier ait donné à l'adopté six ans de soins assidus, ni qu'il ait quinze ans de plus ; il suffit, dans ce cas, que l'adoptant soit plus âgé que l'adopté.

160. Pour pouvoir être adopté, on doit réunir les conditions ci-après :

1° Ne pas déjà avoir été adopté par une autre personne, à moins que ce ne soit par un des deux époux ;

2° Être majeur de vingt et un ans ;

3° Avoir le consentement de ses père et mère jusqu'à vingt-cinq ans, et après cet âge, demander leur conseil.

161. Le contrat d'adoption doit être fait devant le juge de paix du domicile de l'adoptant.

Il doit être homologué, c'est-à-dire confirmé par un jugement du tribunal de première instance.

Ce jugement doit être aussi confirmé par la cour royale, et devant les deux tribunaux, le ministère public doit être entendu.

162. L'acte d'adoption et les jugements doivent être rendus publics, et l'adoption doit être inscrite

sur les registres de l'état civil du domicile de l'adoptant.

163. L'adoption confère le nom de l'adoptant à l'adopté, qui l'ajoute au sien.

L'adopté, sauf quelques exceptions, jouit, par rapport aux biens de l'adoptant, des mêmes avantages que s'il était fils de l'adoptant, et selon la nature, et selon la loi.

Et aussi l'adopté est soumis aux mêmes devoirs envers l'adoptant qu'envers son propre père et sa propre mère.

## CHAPITRE VI.

De la minorité.—De la tutelle ordinaire.—De l'émancipation.

### SECTION I".

### *De la minorité.*

164. La *minorité* est l'état d'une personne qui, à cause de son âge, est jugée incapable de gouverner sa personne et ses biens.

165. On est mineur jusqu'à ce que l'on ait atteint l'âge de vingt et un ans révolus ; mais la minorité peut se prolonger jusqu'à vingt-cinq ans pour le mariage et pour l'adoption.

### SECTION II.

### *De la tutelle ordinaire.*

166. La *tutelle* ordinaire est une charge imposée à quelqu'un, et qui l'oblige à gouverner gratuitement la personne et les biens d'un incapable.

Cette charge est imposée par la loi ou par la volonté de l'homme, en vertu des dispositions de la loi.

La personne qui supporte la charge d'une tutelle se nomme *tuteur*, et on nomme *pupille* le mineur qui est en tutelle.

### Des diverses espèces de tutelles ordinaires.

167. On compte quatre espèces de tutelles ordinaires :

1° La tutelle des père et mère ;

2° La tutelle déférée par le père ou par la mère ;

3° La tutelle des ascendants ;

4° La tutelle déférée par le conseil de famille.

### De la tutelle des père et mère.

168. Quand le mariage est dissous par la mort de l'un des deux époux, la tutelle des enfants mineurs appartient de droit au *conjoint survivant*.

On donne à cette tutelle le nom de *tutelle légitime*.

169. Le père peut, dans la prévoyance de sa mort, nommer à la mère, qui deviendrait nécessairement tutrice, un conseil sans l'avis duquel elle ne pourra faire certains actes, ou aucun acte relatif à la tutelle.

170. La mère appelée à être tutrice n'est pas forcée d'accepter la tutelle ; mais elle doit alors provoquer l'assemblée du conseil de famille, afin qu'il soit nommé un tuteur.

171. Si la mère tutrice veut se remarier, elle devra, avant son mariage, provoquer l'assemblée du conseil de famille, afin qu'il décide si la tutelle lui sera conservée.

### De la tutelle déférée par le père ou la mère.

172. Le droit de choisir un tuteur aux enfans mineurs appartient au *survivant des deux époux*.

Cette tutelle se nomme *tutelle testamentaire*.

173. Pour la conférer, le père ou la mère doit désigner le tuteur, soit par acte de dernière volonté, c'est-à-dire dans son testament, soit par une déclaration devant un juge de paix ou un notaire.

174. Le tuteur ainsi nommé doit accepter, à moins qu'il n'ait en sa faveur des excuses, ou des motifs d'empêchement prévus par la loi (187).

### De la tutelle des ascendants.

175. Si le père et la mère d'un enfant mineur sont décédés, et si le dernier mourant n'a pas choisi un tuteur au mineur (172), la tutelle appartient de droit à l'un *des ascendants du mineur*.

On nomme aussi cette tutelle *légitime*.

176. Parmi les ascendants, la tutelle appartient de droit :

1° A l'aïeul paternel ;

2° A son défaut, à l'aïeul maternel ;

3° A défaut de l'un et de l'autre, en remontant, l'ascendant paternel est toujours préféré à l'ascendant maternel du même degré.

177. La tutelle déférée à un ascendant est forcée : il ne peut en être dispensé que dans un des cas prévus par la loi (187).

178. Les ascendantes, autres que la mère du mineur, ne peuvent être tutrices de droit.

### De la tutelle déférée par le conseil de famille.

179. Quand le père et la mère d'un mineur n'existent plus, et que le dernier mourant n'a pas fait choix d'un tuteur ;

Quand il n'y a point d'ascendants, ou qu'aucun

n'est propre à devenir tuteur, et que le mineur n'est point émancipé, le conseil de famille est appelé à choisir un tuteur.

Cette tutelle se nomme *dative*.

180. Le conseil de famille doit être composé au moins de six personnes, plus le juge de paix, qui fait partie du conseil et qui le préside.

Ces six personnes sont prises parmi les plus proches parents ou alliés du mineur, moitié dans la ligne paternelle, moitié dans la ligne maternelle.

A défaut de parents, en nombre suffisant, dans la commune où la tutelle est ouverte, ou dans une distance de deux myriamètres, on complétera le conseil par des amis du père ou de la mère du mineur.

181. Toute personne peut dénoncer au juge de paix le fait susceptible de donner naissance à une tutelle.

182. Celui qui est nommé tuteur par le conseil de famille est forcé d'accepter, à moins qu'il ne soit dans un des cas d'exception désignés par la loi (187).

### Du subrogé tuteur.

183. On nomme *subrogé tuteur* celui qui est chargé de prendre les intérêts du pupille quand ils se trouvent en opposition avec ceux du tuteur.

184. Ses fonctions consistent aussi à provoquer l'assemblée du conseil de famille, pour nommer un nouveau tuteur :

1° Quand la tutelle est devenue vacante par une cause quelconque ;

2° Quand le tuteur est devenu indigne ou incapable de gérer la tutelle.

Si le subrogé tuteur néglige de remplir ce devoir,

il peut être condamné à payer des dommages et intérêts, lorsque le mineur a souffert de cette négligence.

185. Dans toute tutelle, même dans la tutelle officieuse (150), il doit y avoir un subrogé tuteur.

Quand la tutelle est déférée par le conseil de famille, il nomme le subrogé tuteur en même temps que le tuteur.

Quand la tutelle arrive de droit à ceux qui en sont chargés, ils ne doivent pas entrer en fonctions sans avoir provoqué l'assemblée du conseil de famille pour nommer un subrogé tuteur; sinon, la tutelle peut leur être ôtée, et ils peuvent être condamnés, envers le pupille, à des dommages et intérêts.

186. Les fonctions du subrogé tuteur cessent en même temps que celles du tuteur, et les mêmes causes qui dispensent, excluent de la tutelle et l'enlèvent, sont applicables à la subrogée tutelle.

### Des causes qui dispensent de la tutelle.

187. Peuvent être *dispensés de la tutelle* principalement :

1° Ceux qui exercent certaines fonctions publiques, ou qui les exercent dans un département autre que celui où la tutelle est ouverte ;

2° Tout citoyen non parent ou allié du mineur, quand il existe, à la distance de quatre myriamètres, des parents ou alliés en état de gérer la tutelle ;

3° Tout citoyen âgé de soixante-cinq ans ;

4° Tout individu atteint d'une infirmité grave ;

5° Celui qui est père de cinq enfants vivants ;

6° Celui qui exerce déjà deux tutelles.

### De l'incapacité et de l'exclusion de la tutelle.

188. Sont *incapables d'être tuteurs* et membres des conseils de famille :

1° Les mineurs, excepté le père et la mère ;

2° Les femmes, excepté la mère et les ascendantes ;

3° Les interdits ;

4° Ceux qui ont ou dont les parents ont avec le mineur un procès considérable.

189. Sont *exclus :*

1° Les condamnés à une peine afflictive ou infamante ;

2° Les gens d'une inconduite notoire ;

3° Ceux dont la manière d'agir atteste l'infidélité ou l'incapacité.

### De la destitution de la tutelle.

190. Peuvent être *destitués,* les tuteurs nommés qui sont tombés dans un des cas d'incapacité ou d'exclusion connus (188-189).

191. Toutes les fois qu'il s'agit d'excuses, d'exclusion, d'incapacité, ou de destitution de la tutelle, c'est le conseil de famille qui doit en décider ; mais il peut être appelé de cette décision en justice.

### De l'administration du tuteur, et des comptes qu'il doit rendre.

192. Le tuteur étant appelé, par la nature de ses fonctions, à exercer les droits civils du pupille, à administrer sa personne et ses biens, il doit :

1° *Quant aux biens,* les administrer en bon père de famille, et il est responsable des préjudices causés par sa mauvaise gestion ; c'est pourquoi il est obligé, après sa nomination , de faire constater l'état des biens en présence du subrogé tuteur ;

2° *Quant à la personne,* l'élever suivant son état et sa fortune , et d'après la dépense annuelle fixée par le conseil de famille ; et il peut , dans les cas de graves mécontentements , avec l'autorisation du conseil de famille , provoquer la réclusion du pupille dans une maison de correction.

193. Le tuteur ne peut ni emprunter, ni hypothéquer, ni aliéner, ni transiger, ni recevoir en donation, ni accepter ou répudier une succession, ni intenter une action en justice ; enfin , il ne peut rien faire, au nom du pupille, qui tende à changer notablement sa fortune, sans l'autorisation du conseil de famille, qui , elle-même , doit , dans plusieurs cas, être approuvée par la justice.

194. Le tuteur, excepté le père ou la mère, est obligé de remettre au subrogé tuteur des états de gestion, aux époques fixées par le conseil de famille, pourvu que ce ne soit pas plus d'une fois l'année.

Tout tuteur doit rendre compte de sa gestion au mineur, quand celui-ci a atteint sa majorité, ou qu'il est émancipé.

195. La loi accorde au mineur devenu majeur dix ans , à compter de sa majorité , pour faire ses réclamations au tuteur, pour faits de la tutelle.

## SECTION III.

### *De l'émancipation.*

196. Les *mineurs émancipés* sont ceux qui sont hors de tutelle ; et l'émancipation donne au mineur le droit d'administrer sa personne et ses biens.

**197.** Un mineur peut être émancipé de trois manières :

1° Par le mariage ;

2° Par le consentement du père, et, à défaut, par le consentement de la mère ;

3° Par délibération du conseil de famille.

**198.** L'émancipation par le mariage a lieu de plein droit.

Celle du père et de la mère s'opère par une déclaration faite au juge de paix : il faut que le mineur ait au moins quinze ans.

Celle qui est accordée par le conseil de famille ne peut avoir lieu que lorsque le mineur a dix-huit ans.

**199.** Un curateur doit être donné par le conseil de famille au mineur qui était en tutelle avant son émancipation.

Le *curateur* est une personne chargée de surveiller l'administration de l'émancipé, et de l'assister de ses conseils.

**200.** Un mineur émancipé qui aura abusé de son émancipation pourra être remis en tutelle, pour y rester jusqu'à sa majorité.

---

## CHAPITRE VII.

De la majorité. — De l'interdiction. — Du conseil judiciaire.

### SECTION Iʳᵉ.

#### *De la majorité.*

**201.** La *majorité* est l'état d'une personne qui est capable d'exercer elle-même tous les droits civils : elle est fixée à vingt et un ans accomplis, sauf pour le mariage et pour l'adoption, où elle n'est fixée dans certains cas qu'à vingt-cinq ans (116-160.)

## SECTION II.

### De l'interdiction.

**202.** L'*interdiction*, en général, est l'état d'une personne qui a été jugée incapable ou indigne d'exercer elle-même ses droits civils, et par suite d'administrer sa personne et ses biens.

**203.** On distingue deux sortes d'interdictions : l'interdiction légale et l'interdiction judiciaire.

L'interdiction *légale* est celle qui est prononcée par la loi pénale : elle est le résultat d'une condamnation aux travaux forcés à temps ou à la réclusion.

L'interdiction *judiciaire* est celle qui est prononcée par le juge : c'est de cette dernière que l'on va s'occuper.

**204.** La personne qui est dans un état habituel d'imbécillité, de démence ou de fureur doit être *interdite*.

**205.** Peuvent demander et poursuivre l'interdiction devant le tribunal de première instance :

1° Tout parent ;

2° Le conjoint ;

3° Le procureur du roi, quand il n'existe aucun parent connu, ou que la personne à interdire est dans un état furieux.

**206.** La demande doit indiquer les faits de démence, d'imbécillité ou de fureur, ainsi que les pièces et témoins qui peuvent prouver ces faits.

**207.** Le tribunal, après avoir entendu le procureur du roi, ordonne l'assemblée du conseil de famille (180), afin qu'il donne son avis.

**208.** L'avis du conseil de famille connu, le tribunal procède à l'interrogatoire de la personne dont on demande l'interdiction, en présence du procureur du roi : il prend tous les renseignements possibles, puis répond par un jugement à la demande d'interdiction.

**209.** La personne que l'on veut interdire peut s'y opposer et se défendre : elle peut appeler en cour royale du jugement de première instance qui prononce l'interdiction.

**210.** Quand le jugement d'interdiction est définitif, l'administrateur provisoire qui a pu être nommé cesse ses fonctions, et le conseil de famille nomme un tuteur et un subrogé tuteur à l'interdit.

**211.** Le mari a seul le droit d'être tuteur de sa femme interdite ; tout autre tuteur doit être nommé par le conseil de famille.

Le tuteur peut, au bout de dix ans, demander à être remplacé, à moins que le tuteur ne soit l'époux, l'ascendant ou le descendant de l'interdit.

Il est soumis aux mêmes obligations que le tuteur d'un mineur.

**212.** Le jugement d'interdiction doit être publié, et quand les causes qui ont fait prononcer l'interdiction viennent à cesser, elle peut être levée; mais on doit observer les mêmes formalités que pour parvenir à l'interdiction.

**SECTION III.**

*Du conseil judiciaire.*

**213.** On appelle *conseil judiciaire* une personne versée dans les affaires que le juge nomme à un prodigue.

214. La personne soumise à un conseil judiciaire ne peut, tant que cela est jugé nécessaire, faire certains actes tendant à changer notablement l'état de sa fortune, sans l'assistance de ce conseil.

215. La demande d'un conseil peut être présentée par les mêmes personnes qui ont droit de demander l'interdiction : cette demande est instruite et jugée de la même manière que la demande d'interdiction ; le jugement qui accorde un conseil doit être aussi publié.

# DEUXIÈME LIVRE.

## CHAPITRE PREMIER.

**Des biens. — De la distinction des biens. — Des biens dans leur rapport avec ceux qui les possèdent.**

### SECTION Iʳᵉ.

#### *Des biens.*

246. Tant qu'un objet n'est point tombé dans la possession de l'homme, aux yeux de la loi, c'est une *chose*.

Quand l'homme s'en est emparé, c'est un *bien :* ainsi, un animal sauvage qui court sur la terre ou vole dans les airs, c'est une chose ; l'homme s'en empare-t-il, c'est un bien pour lui.

### SECTION II.

#### *De la distinction des biens.*

217. Tous les objets qui sont tombés dans le domaine de l'homme ont été rangés par le législateur en deux classes :

1° Les biens *immeubles ;*

2° Les biens *meubles.*

218. Tous les biens peuvent encore se diviser en biens *corporels* et biens *incorporels.*

Les biens corporels sont ceux qui frappent nos sens, que nous pouvons toucher.

Les biens incorporels sont ceux qui échappent à nos sens, que nous ne pouvons toucher.

### Des biens immeubles.

**219.** Les immeubles sont tels de trois manières :

1° Par leur nature ;

2° Par destination ;

3° Par l'objet auquel ils s'appliquent.

**220.** Sont *immeubles* par leur *nature*, le sol et tout ce qui tient au sol, soit que l'homme l'y ait attaché, ou que ce soit une production de la nature.

Mais il faut remarquer que, si les objets qui tiennent au sol viennent à en être détachés, ils cessent d'être des biens immeubles : ils deviennent meubles.

**221.** Sont *immeubles* par *destination* les objets qui naturellement sont meubles, mais qui, ayant été attachés par le propriétaire, à perpétuelle demeure, à un immeuble, deviennent, dans plusieurs cas, immeubles.

**222.** Sont *immeubles* par *l'objet auquel ils s'appliquent* :

1° L'usufruit des biens immobiliers ;

2° Les servitudes ou services fonciers ;

3° Les actions qui tendent à revendiquer un immeuble.

### Des biens meubles.

**223.** Il y a deux sortes de meubles :

1° Les meubles qui sont tels par leur nature ;

2° Les meubles qui le sont par la détermination de la loi.

**224.** Sont *meubles par leur nature*, les objets qui peuvent se transporter d'un lieu dans un autre, soit d'eux-mêmes, soit par le fait de l'homme : comme un cheval, une table.

**225.** Sont *meubles par la détermination de la loi,*

les biens qui, par leur nature, ne sont pas plus meubles qu'immeubles, mais que le législateur a rangés parmi les meubles, afin que tous les biens possédés par l'homme puissent être compris dans les deux classes de biens qu'il a établies : comme les actions dans les compagnies de commerce ou d'industrie.

## SECTION III.

*Des biens dans leur rapport avec ceux qui les possèdent.*

226. Les biens, considérés par rapport à ceux qui les possèdent, sont :

1° Nationaux ;

2° Communaux ;

3° Patrimoniaux.

On peut y joindre les biens appartenant aux établissements publics.

227. Les biens *nationaux* sont ceux qui sont possédés par l'État : ils composent ce que l'on nomme le domaine public ; leur produit entre dans le trésor public.

Quelques-uns des biens possédés par l'État ne sont pas susceptibles d'une propriété privée ; par exemple, les routes, les ports, les fleuves ou rivières navigables et flottables, etc.

228. Les biens *communaux* sont ceux qui appartiennent à une commune, un village, un bourg, une ville : les produits de ces biens entrent dans la caisse de la commune.

229. Les biens *patrimoniaux* sont ceux qui appartiennent aux particuliers, aux familles.

230. Les *établissements publics*, par exemple, les

hospices, peuvent posséder des biens qui sont susceptibles d'une propriété privée.

231. Ce qui concerne les biens nationaux ou communaux et ceux des établissements publics est réglé par des lois particulières, le code civil ne s'occupant que des biens patrimoniaux.

---

# CHAPITRE II.

### De la propriété. — Du droit d'accession.

### SECTION I".

### *De la propriété.*

232. Avant que les hommes fussent réunis en société, avant qu'ils eussent pris l'habitude de demeurer d'une manière stable sur quelques portions du sol, toutes les choses appartenaient à celui qui s'en emparait le premier, et elles lui appartenaient tant qu'il les gardait. Alors on ne connaissait pas le droit de propriété, ou plutôt il était confondu avec la possession.

La loi civile a distingué la possession de la propriété : d'où il résulte que l'on peut posséder un bien, et ne pas en avoir la propriété ; comme aussi on peut être propriétaire d'un bien, et ne pas l'avoir en sa possession.

233. La loi civile définit la *propriété :* le droit *de jouir* et de *disposer* d'un bien de la manière la plus absolue, pourvu que l'on n'en fasse pas un usage prohibé par les lois et les règlements.

234. La propriété est *parfaite* ou *imparfaite.*

Elle est parfaite, quand rien ne gêne ou ne restreint le droit de propriété.

Elle est imparfaite, quand on ne peut jouir ni disposer de son bien de la manière la plus absolue.

235. La propriété donne droit non-seulement à tout ce que produit le bien, mais encore à tout ce qui s'y unit accessoirement, soit naturellement, soit artificiellement : c'est ce droit qu'on nomme *droit d'accession*.

Le droit d'accession est donc un des moyens d'acquérir la propriété.

SECTION II.

*Du droit d'accession.*

236. On compte deux espèces de droit d'accession :

1° Droit d'accession sur ce que produit le bien ;

2° Droit d'accession sur ce qui s'unit et s'incorpore au bien.

**Droit d'accession sur ce que produit le bien, soit meuble, soit immeuble.**

237. Ce que les biens peuvent produire, et qui appartient au propriétaire par droit d'accession, ce sont :

1° Les fruits naturels ou industriels de la terre ;

2° Les fruits civils ;

3° Le croît des animaux.

238. Les fruits naturels de la terre sont ce que la terre produit spontanément, sans le secours de l'homme : les bois, les plantes sauvages.

Les fruits industriels de la terre sont ce que la terre produit par le travail de l'homme, par la culture : les moissons, les raisins, etc.

Les fruits civils sont les loyers des maisons et des fermes, les intérêts des sommes d'argent.

Le croît des animaux est l'augmentation qu'é-
prouve un troupeau par la naissance des petits animaux.

### Droit d'accession sur ce qui s'unit et s'incorpore au bien.

239. Tout ce qui s'unit et s'incorpore au bien appartient, en général, au propriétaire par droit d'accession, d'après les règles générales établies par la
loi, et d'après ce principe, que la propriété du sol
emporte la propriété du dessus et du dessous.

Mais il faut distinguer ce qui s'unit et s'incorpore
aux biens immeubles de ce qui s'unit et s'incorpore
aux biens meubles.

### De ce qui s'unit et s'incorpore aux biens immeubles.

240. Ce qui peut s'unir et s'incorporer aux biens
immeubles a rapport à cinq objets :

1° A la construction, aux plantations et ouvrages
faits sur un terrain ou à l'intérieur de ce terrain ;

2° Aux matières que ce terrain contient dans son
sein ;

3° Aux alluvions ;

4° Aux îles, îlots ou atterrissements qui se forment dans les fleuves et les rivières ;

5° Enfin, aux pigeons, lapins et poissons qui
passent dans un autre colombier, une autre garenne, un autre étang.

241. Si une personne a fait construire ou planter
sur un terrain appartenant à autrui, le propriétaire
du sol peut obliger cette personne à enlever les constructions ou plantations ; ou bien il peut les conserver, en lui payant la valeur des matériaux et le
prix de la main-d'œuvre.

242. Comme la propriété du sol emporte la propriété du dessus et du dessous, le propriétaire a le droit de faire toutes les constructions qui lui conviennent, toutes les fouilles qu'il veut, et il peut profiter du produit de ces fouilles, en se conformant toutefois aux lois et règlements de police et aux lois et règlements relatifs aux mines.

243. On nomme *alluvions* les atterrissements et accroissements qui se forment successivement sur les bords des fleuves et des rivières : ces alluvions profitent aux propriétaires riverains.

244. Lorsqu'une île vient à se former dans un fleuve ou une rivière navigable ou flottable, c'est-à-dire qui peut porter des bateaux ou des trains de bois, comme les fleuves et rivières navigables et flottables appartiennent à l'État, l'île devient propriété de l'État. Mais si l'île vient à se former dans une rivière non navigable ou flottable, elle appartient au propriétaire riverain du côté où l'île s'est formée ; quand elle est au milieu, elle appartient aux propriétaires des deux côtés.

245. Si des pigeons passent d'un colombier dans un autre colombier, ils appartiennent au propriétaire du colombier où ils ont passé, ils deviennent l'accessoire de ce colombier ; mais le propriétaire ne doit rien faire pour les y attirer.

Il en est de même quant aux lapins qui passent d'une garenne dans une autre, et quant aux poissons qui d'un étang passent dans un autre étang.

### De ce qui s'unit et s'incorpore aux biens meubles.

246. Quand deux choses mobilières appartenant à des propriétaires différents sont unies ensemble,

ou viennent à être mélangées, pour décider à qui appartiendra le tout par droit d'accession, la loi civile renvoie le juge à l'équité naturelle ; cependant, elle pose quelques règles pour le guider.

La plus importante de ces règles, c'est qu'en général la chose accessoire suit la chose principale : le tout doit donc appartenir au propriétaire de la chose principale, moyennant que celui-ci remboursera à l'autre la valeur de la chose accessoire.

Exemple : Un tailleur a fait un habit avec du drap à lui appartenant, mais il a doublé cet habit avec une étoffe dont un autre est propriétaire ; la doublure n'est que l'accessoire de l'habit, le tailleur pourra donc la garder.

# CHAPITRE III.

**Des démembrements de la propriété. — Du droit d'usufruit. — Du droit d'usage. — Du droit d'habitation. — Des servitudes.**

## SECTION I".

### *Des démembrements de la propriété.*

247. On a vu (233) que le droit de propriété se compose du droit de jouir et du droit de disposer. Jouir de son bien, c'est recueillir tous les fruits que ce bien peut rapporter, ou en tirer tout l'usage possible ; disposer de son bien, c'est en faire tout ce que l'on veut. Il peut arriver que le droit de jouir n'appartient pas du tout au propriétaire, ou ne lui appartient qu'en partie ; alors il y a démembrement du droit de propriété. D'un autre côté, il arrive aussi que le droit qu'un propriétaire a de disposer de son

bien se trouve restreint par quelque loi, ou quelque charge imposée au bien ; là encore il y a démembrement de la propriété.

248. On compte quatre démembrements principaux de la propriété :

1° *L'usufruit;*

2° *L'usage ;*

3° *L'habitation;*

4° *Les servitudes.*

## SECTION II.

### *De l'usufruit.*

249. La loi civile définit l'*usufruit* : le droit de jouir d'un bien dont un autre a la propriété, comme le propriétaire lui-même, mais à la charge d'en conserver la substance.

Celui qui a l'usufruit se nomme *usufruitier.*

Celui qui a la propriété se nomme *nu-propriétaire.*

250. L'usufruit est établi, ou par la loi, ou par la volonté de l'homme.

Il peut être établi, ou pour toute la vie de l'usufruitier, ou pendant un certain temps seulement, ou à condition, c'est-à-dire jusqu'à l'arrivée de tel événement.

Il peut être établi sur toute espèce de biens meubles et immeubles.

251. Les biens meubles et immeubles sur lesquels l'usufruit peut s'exercer sont de trois sortes :

1° Les biens qui se consomment par l'usage ;

2° Les biens qui s'usent peu à peu en s'en servant;

3° Les biens qui produisent des fruits.

252. Les droits de l'usufruitier varient, suivant

que l'usufruit a pour objet l'une ou l'autre de ces trois sortes de biens ; mais, quelle que soit la nature du bien dont il a l'usufruit, il peut céder son droit à une autre personne.

253. Les principales obligations imposées à l'usufruitier sont : 1° *avant d'entrer en jouissance,*

De donner caution, sauf quelques exceptions, de jouir de l'usufruit en bon père de famille ;

De faire faire, en présence du propriétaire, un inventaire des meubles et un état des immeubles ;

2° *Pendant la jouissance,* de prendre part aux charges imposées au bien et aux dépenses à faire pour sa conservation ;

3° *Après la jouissance,* de remettre le bien dans l'état où il doit être après une bonne administration.

254. L'usufruit peut finir des sept manières suivantes :

1° Par la mort de l'usufruitier ;

2° Par l'expiration du temps pour lequel l'usufruit a été donné ;

3° Par la réunion sur la même personne de la qualité d'usufruitier et de propriétaire ;

4° Par la perte totale de l'objet dont on a l'usufruit ;

5° Par la prescription, c'est-à-dire par le non-usage du droit d'usufruit pendant trente ans ;

6° Par jugement, en cas d'abus ;

7° Par la renonciation de l'usufruitier.

### SECTION III.

#### De l'usage.

255. Le droit d'*usage* consiste à prendre sur le bien appartenant à un autre les fruits que l'on peut con-

sommer pour ses besoins et ceux de sa famille, à moins que la quantité de fruits ne soit déterminée par le titre qui établit le droit d'usage.

256. L'usager est soumis aux obligations suivantes :

1° Il doit jouir en bon père de famille ;

2° Il doit donner caution ;

3° Il doit faire faire inventaire ou état des biens ;

4° Il doit, en proportion de sa consommation, prendre part aux frais et contributions.

257. L'usage finit de la même manière que l'usufruit ; mais le droit d'usage, étant tout personnel, ne peut être cédé à un autre.

### SECTION IV.

#### *De l'habitation.*

258. Le droit d'*habitation* consiste dans la faculté de demeurer pendant sa vie, soi et sa famille, dans la maison d'autrui, à moins que le titre qui établit ce droit n'ait déterminé le temps.

259. La personne qui a un droit d'habitation est soumise aux mêmes obligations que l'usager.

Le droit d'habitation finit de la même manière que le droit d'usage, et il ne peut non plus être cédé à une autre personne.

### SECTION V.

#### *Des servitudes.*

260. Les *servitudes*, tout en apportant des bornes au droit de propriété, ont été créées dans l'intérêt de l'agriculture, et dans la vue d'empêcher que la bonne harmonie qui doit régner entre voisins puisse être facilement troublée.

**261.** La loi civile définit la *servitude* : une charge imposée à un héritage, pour l'usage et l'utilité d'un autre héritage appartenant à un autre propriétaire.

L'héritage auquel est due la servitude se nomme *dominant;*

Et celui qui la doit se nomme *servant.*

On entend par *héritage* tout bien immeuble réel, comme une maison, un fonds de terre.

**262.** Les servitudes ont trois origines différentes :

1° Elles dérivent de la situation naturelle des lieux ;

2° Elles sont établies par la loi ;

3° Elles sont le résultat de la volonté de l'homme.

**Des servitudes qui dérivent de la situation des lieux.**

**263.** Ces sortes de servitudes ont rapport à cinq objets :

1° A l'écoulement des eaux d'un fonds supérieur à un fonds inférieur ;

2° Aux sources qui prennent naissance dans un fonds ;

3° A l'usage que l'on peut faire des eaux courantes qui ne sont ni navigables ni flottables, et qui bordent ou traversent les héritages ;

4° Au bornage des héritages ;

5° A la clôture des héritages.

**264.** Le propriétaire d'un fonds inférieur doit souffrir l'écoulement des eaux qui viennent naturellement d'un fonds supérieur.

**265.** Le propriétaire qui a une source dans son fonds peut en user à volonté, il en est seul propriétaire ; mais si l'eau qui en provient a pris son cours et est devenue eau courante, la source n'appartient plus exclusivement à personne.

266. Lorsqu'une eau courante non navigable ni flottable longe un héritage, le propriétaire riverain peut se servir de cette eau pour l'irrigation. Quand elle traverse un héritage, le propriétaire peut en user, mais il doit la rendre ensuite à son cours naturel ; il n'a pas le droit de l'absorber entièrement.

Du reste, des règlements locaux déterminent ordinairement de quelle manière les ayants droit au cours d'eau peuvent en user.

267. Tout propriétaire a le droit d'obliger son voisin au bornage de leurs propriétés : ce bornage est fait à frais communs.

Le bornage consiste dans le placement de pierres plantées debout, aux deux extrémités de la ligne qui sépare deux pièces de terre.

268. Le propriétaire qui fait clore son héritage perd son droit de parcours et de vaine pâture, en proportion du terrain qu'il enlève au droit de parcours et de vaine pâture des autres propriétaires.

Le droit de parcours est la faculté qu'ont les habitants de plusieurs communes de faire paître leurs bestiaux sur le territoire les unes des autres.

Le droit de vaine pâture est la faculté qu'ont les habitants d'une même commune de mener paître leurs troupeaux sur les propriétés les uns des autres.

## Des servitudes établies par la loi.

269. Les servitudes établies par la loi concernent l'*utilité publique*, ou l'*utilité communale*, ou l'*utilité des particuliers*.

270. Les servitudes qui ont pour but l'utilité

publique et communale sont régies par des lois et règlements particuliers. La loi civile ne règle que les servitudes établies pour l'utilité des particuliers.

271. Les servitudes réglées par la loi civile et pour l'utilité des particuliers ont rapport à six objets :

1° Aux murs, haies et fossés mitoyens ;

2° A la plantation d'arbres et de haies près l'héritage du voisin ;

3° A certains ouvrages que l'on veut faire contre l'héritage du voisin ;

4° A la vue ou au jour sur l'héritage du voisin ;

5° A l'égout des toits ;

6° Au droit de passage.

272. La loi civile ne règle, en général, les servitudes qui ont rapport aux six objets ci-dessus spécifiés qu'à défaut de titres existants, et, dans certains cas, à défaut d'usage des lieux.

273. Voici les principales règles posées par la loi civile :

Dans les villes et les campagnes, tout mur servant de séparation entre bâtiments jusqu'à l'*héberge,* entre cours et jardins, entre clos dans les champs, est présumé mitoyen, s'il n'y a titre ou marque du contraire.

Cette sage présomption de la loi empêche une foule de procès.

On nomme *héberge* l'endroit où finit le bâtiment le moins élevé, quand deux bâtiments sont appuyés l'un contre l'autre.

Le mot *mitoyen* s'applique à une clôture qui appartient à deux propriétaires voisins.

274. Il y a marque de non-mitoyenneté quand le sommet d'un mur de clôture est droit et à plomb d'un

côté, et présente de l'autre un plan incliné pour faciliter l'écoulement des eaux pluviales : dans ce cas, le mur est réputé appartenir exclusivement au propriétaire du côté duquel se trouve le plan incliné.

Si, au contraire, le sommet présente un plan incliné des deux côtés, le mur est réputé mitoyen.

Il y a encore marque de non-mitoyenneté quand, un fossé séparant deux héritages, le rejet des terres qui provient du curage du fossé ne se trouve que d'un côté ; le fossé appartient à celui sur le terrain duquel le rejet a eu lieu.

Si le produit du curage est jeté des deux côtés, alors le fossé est mitoyen.

La haie qui sépare deux héritages est non mitoyenne, quand un seul des héritages est entièrement clos : cette haie appartient exclusivement à celui dont l'héritage est clos en entier.

275. On ne peut planter des arbres de haute tige qu'à la distance de deux mètres de la limite qui sépare deux héritages, et qu'à la distance d'un demi-mètre pour les autres arbres et pour les haies vives, à moins qu'il n'existe des règlements et usages constants qui en décident autrement.

276. Près d'un mur mitoyen ou non mitoyen, on ne peut faire les ouvrages ci-dessous désignés, sans se conformer aux règlements et usages particuliers sur ces objets :

Creuser un puits ou une fosse d'aisances ;

Établir une cheminée où un âtre, une forge, un four ou un fourneau ;

Faire un magasin de sel ou d'autres substances corrosives ;

Adosser une étable ou une écurie.

**277.** Quand un mur est mitoyen, l'un des propriétaires ne peut pratiquer aucune ouverture sans le consentement de l'autre.

Si le mur n'est pas mitoyen, le propriétaire du mur qui joint immédiatement l'héritage du voisin, ne peut prendre vue par une fenêtre chez ce voisin mais il peut prendre du jour ; l'ouverture pratiquée pour obtenir ce jour doit être à fer maillé, à verre dormant, et placée à une certaine hauteur, afin que l'on ne puisse voir ni rien jeter chez le voisin.

**278.** Un propriétaire ne peut disposer le toit de sa maison de manière que les eaux pluviales tombent chez le voisin ; elles doivent s'écouler sur son terrain ou sur la voie publique.

**279.** Le propriétaire dont l'héritage est enclavé, c'est-à-dire entouré par des héritages appartenant à d'autres, a droit à un passage pour communiquer avec la voie publique, mais moyennant indemnité à celui sur le terrain duquel il sera obligé de passer.

#### Des servitudes établies par la volonté de l'homme.

**280.** Les propriétaires peuvent, par des conventions, établir sur leurs propriétés, ou en faveur de leurs propriétés, toutes les servitudes que bon leur semble, pourvu qu'elles ne soient point imposées à la personne, ni en faveur de la personne, et qu'elles ne soient pas contraires à l'ordre public.

**281.** Les servitudes établies par la volonté de l'homme peuvent être :

1° Urbaines ou rurales ;

2° Continues ou discontinues ;

3° Apparentes ou non apparentes.

282. Les servitudes *urbaines* sont celles qui sont établies pour l'usage des maisons ou bâtiments, soit à la ville, soit à la campagne.

Les servitudes *rurales* sont celles qui sont établies pour l'usage des fonds de terre.

Les servitudes *continues* sont celles dont l'usage est ou peut être continuel, sans avoir besoin du fait actuel de l'homme : par exemple, une fenêtre qui s'ouvrirait sur la propriété du voisin.

Les servitudes *discontinues* sont celles qui ont besoin du fait actuel de l'homme, et qui, par conséquent, ne s'exercent pas continuellement, comme un droit de passage sur le terrain d'un autre.

Les servitudes *apparentes* sont celles qui se montrent par des ouvrages extérieurs, comme si l'on avait ouvert une porte pour passer chez le voisin.

Les servitudes *non apparentes* sont celles dont rien d'extérieur ne montre l'existence : par exemple, la défense de bâtir sur un fonds.

283. Les servitudes *continues* et *apparentes* peuvent s'établir :

1° Par titres ;

2° Par destination du père de famille ;

3° Par la prescription de trente ans.

284. Les servitudes *continues*, mais *non apparentes*, ne peuvent s'établir que par titres.

Il en est de même des servitudes *discontinues*, *apparentes* ou *non apparentes*.

Ainsi, ces sortes de servitudes ne peuvent s'acquérir par prescription.

285. La manière d'user d'une servitude est réglée par le titre constitutif, c'est-à-dire par la convention qui lui a donné naissance ; mais, à défaut de titre,

on se conforme aux règles établies à ce sujet par la loi civile.

286. La principale obligation pour celui qui doit la servitude est de ne rien faire qui puisse en gêner l'usage ; et pour celui à qui elle est due, de ne rien faire qui soit susceptible de l'aggraver.

287. Les servitudes, et même la manière d'en user, s'éteignent :

1° Quand les choses sont dans un tel état, qu'on ne peut plus s'en servir ;

2° Par la confusion, c'est-à-dire par la réunion dans les mains de la même personne du fonds qui doit la servitude et du fonds auquel elle est due ;

3° Par le non-usage pendant trente ans, c'est-à-dire par la prescription.

# TROISIÈME LIVRE.

## CHAPITRE PREMIER.

**De combien de manières on peut acquérir la propriété. — Du droit d'accession ou d'incorporation. — De l'invention.**

### SECTION I<sup>re</sup>.

*De combien de manières on peut acquérir la propriété.*

**288.** La propriété des biens s'acquiert de sept principales manières :

1° Par *accession* ou *incorporation ;*
2° Par *invention ;*
3° Par *succession ;*
4° Par *donation entre-vifs ;*
5° Par *testament ;*
6° Par suite des *contrats* ou *conventions ;*
7° Par *prescription.*

### SECTION II.

*De l'accession ou de l'incorporation.*

**289.** On a fait connaître l'accession et l'incorporation, en parlant de la propriété (235-246).

Comme les biens, dans l'intérêt public, ne doivent jamais être sans propriétaire, la loi veut que les biens vacants et sans maître appartiennent au domaine public.

Néanmoins, il est des choses qui n'appartiennent à personne, et dont l'usage est commun à tous ; la manière d'en jouir est réglée par des lois de police : tels sont l'air, l'eau, la mer.

290. La faculté de chasser et de pêcher est réglée par des lois particulières.

Les droits sur les objets rejetés par la mer, sur les plantes et herbages qui poussent le long des rivages de la mer, ainsi que les droits sur les choses perdues dont le maître ne se présente pas, sont également réglés par des lois particulières.

### SECTION III.

#### *De l'invention.*

291. L'*invention,* aux yeux de la loi, est l'acte par lequel une personne trouve une chose enfouie et cachée dans la terre. L'invention donne un droit de propriété à l'inventeur, c'est-à-dire à celui qui trouve la chose.

292. Celui qui, dans son propre fonds, trouve un trésor en devient propriétaire par droit d'invention ; s'il le trouve dans le fonds d'autrui, il partage par moitié avec le propriétaire du fonds.

293. La loi appelle *trésor* toute chose *mobilière,* cachée et enfouie dans la terre, dont on ne connaît pas le propriétaire, et qui est découverte par le pur effet du hasard.

# CHAPITRE II.

Des successions. — De l'ouverture des successions. — Des qualités requises pour succéder. — De la manière de compter les degrés de parenté. — De la représentation. — Des divers ordres de succession. — De l'acceptation et de la répudiation des successions. — Du partage et du rapport, de la rescision en matière de partage, ainsi que du payement des dettes.

## SECTION I<sup>re</sup>.

### *Des successions.*

294. Le droit de propriété, tel que nous le comprenons maintenant, ayant été établi par suite de la réunion des hommes en société, et dans l'intérêt commun, les biens ne devant jamais demeurer sans maîtres, il a fallu régler à qui appartiendraient les biens laissés par une personne qui viendrait à mourir sans en avoir disposé, quand cela lui est permis : c'est dans ce but qu'a été faite la loi sur les successions ; et c'est ordinairement aux parents les plus rapprochés en degrés qu'une succession est dévolue.

295. On définit une *succession :* la transmission des biens, droits et charges d'une personne décédée à une autre personne.

## SECTION II.

### *De la manière de compter les degrés de parenté.*

296. La proximité de parenté s'établit par le nombre de générations : chaque *génération* s'appelle *un degré;* la suite des degrés forme la *ligne* [1].

297. On distingue deux lignes : ligne *directe* et ligne *collatérale.*

_____
1. Voir le tableau ci-joint pour servir à l'intelligence des degrés de parenté.

### Explication du Tableau.

C et D, qui sont fils ou filles de A et B, sont avec ces derniers parents directs au premier degré; et comme C et D sont frères ou sœurs, ils sont, entre eux, parents collatéraux au deuxième degré.

E et F sont petits-fils de A et B et parents directs avec eux au deuxième degré; et comme E et F sont cousins germains, ils sont, entre eux, parents collatéraux au quatrième degré.

De plus, E est neveu de D, et ils sont, entre eux, parents collatéraux au troisième degré: il en est de même pour F à l'égard de C.

G et H sont arrière-petits-fils de A et B et leurs parents directs au troisième degré, quoique dans des lignes différentes: ils sont, entre eux, cousins issus de germains ou petits cousins et parents collatéraux au sixième degré.

De plus, G est petit-neveu de D, et comme tel, il est le parent collatéral de celui-ci au quatrième degré.

I et M sont parents collatéraux au neuvième degré: il en est de même pour L et J.

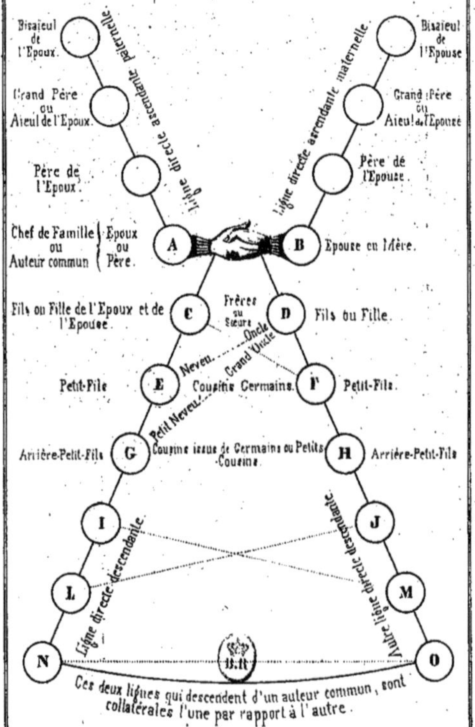


N et O sont, entre eux, parents collatéraux au douzième degré et parents directs avec leurs auteurs communs A et B au sixième degré.

N et O, parents collatéraux au douzième degré, peuvent encore succéder l'un à l'autre; mais ce droit n'existe plus pour leurs descendants, parce qu'ils cessent d'être parents au degré successible.

Il faut distinguer ceux qui sont parents parce qu'ils descendent d'auteurs communs et ceux qui ne sont parents que par affinité, c'est-à-dire par alliance:

C'est ainsi que le mari de votre sœur, la femme de votre frère et celle de votre oncle, ne sont vos parents que par alliance ou vos alliés au même degré que votre frère, votre sœur et votre oncle.

Quand les causes qui produisent l'affinité disparaissent, cette sorte de parenté cesse d'exister.

Le mari de votre sœur est votre beau-frère, et la femme de votre frère votre belle-sœur.

La femme de votre frère est la bru de votre père et de votre mère, et le mari de votre sœur est leur gendre.

La ligne *directe* est la suite des degrés entre personnes qui descendent l'une de l'autre.

La ligne *collatérale* est la suite des degrés entre personnes qui ne descendent pas les unes des autres, mais qui descendent d'un auteur commun.

298. On divise la ligne directe en ligne *directe descendante* et ligne *directe ascendante*.

La ligne *directe descendante* est celle qui lie le chef de la famille avec ceux qui descendent de lui.

La ligne *directe ascendante* est celle qui lie le chef de la famille avec ceux dont il descend.

299. En *ligne directe*, on compte autant de degrés qu'il y a de générations entre les personnes qui composent la ligne.

En *ligne collatérale*, on compte autant de degrés qu'il y a de générations depuis l'un des parents, en remontant jusqu'au chef de la famille, qu'il ne faut pas compter pour un degré, et depuis celui-ci jusqu'à l'autre parent.

## SECTION III.

### De la représentation.

300. La représentation est une *fiction* de la loi dont l'effet est de faire entrer le représentant dans la place, dans le degré du représenté.

Exemple : Votre père est décédé, votre grand-père vient ensuite à mourir ; vous représentez votre père, et vous prenez dans la succession de votre grand-père la portion qu'aurait eue votre père s'il avait vécu.

301. En ligne directe, la représentation est admise à l'*infini*. En ligne collatérale, elle n'est admise

qu'en faveur des enfants et descendants des frères et sœurs du défunt.

La représentation n'a pas lieu en faveur des ascendants ; le plus proche exclut le plus éloigné.

## SECTION IV.

### *De l'ouverture des successions.*

302. Les successions s'ouvrent de deux manières :

1° Par la mort naturelle ;

2° Par la mort civile.

303. Il peut arriver que deux ou plusieurs personnes appelées à succéder les unes aux autres viennent à périr par un même événement.

Quand un pareil cas se présente, on s'en rapporte, pour savoir celle qui a dû mourir la première, aux faits et circonstances de l'événement.

Exemple : Deux personnes viennent à périr par suite d'un naufrage ; celle des deux qui savait nager est présumée avoir survécu à celle qui ne savait pas nager.

Si l'on ne peut obtenir par ce moyen des lumières, on a égard au sexe et à l'âge des personnes, et l'on se conforme pour cela aux règles établies par la loi civile ; ces règles sont basées sur cette présomption que la personne qui avait le plus de forces physiques a dû survivre à celle qui en avait le moins.

Exemple : De deux personnes l'une avait plus de soixante ans, l'autre moins de soixante ans ; la plus jeune, devant avoir plus de force, est présumée avoir survécu ; ou bien des deux personnes, l'une était un homme et l'autre une femme, mais du même âge : l'homme est présumé avoir survécu.

## SECTION V.

### *Des qualités requises pour succéder.*

304. Il est plusieurs conditions indispensables pour succéder :

1° Il faut exister au moment de l'ouverture de la succession ;

2° Etre capable de succéder ;

3° Ne pas en être indigne.

305. Sont *incapables* de succéder :

1° L'enfant qui, en naissant, est jugé ne pouvoir vivre ;

2° Celui qui est mort civilement.

306. Sont *indignes* de succéder, et comme tels exclus des successions :

1° Celui qui est condamné pour avoir donné ou tenté de donner la mort au défunt ;

2° Celui qui a porté contre le défunt une accusation capitale jugée calomnieuse ;

3° L'héritier majeur qui, instruit du meurtre du défunt, ne l'aura pas dénoncé à la justice ; mais ce dernier motif d'indignité n'est pas appliqué quand l'héritier est un proche parent du meurtrier : frère, oncle, père, etc., ou un allié au même degré.

## SECTION VI.

### *Des divers ordres de succession.*

307. Ceux qui succèdent aux biens d'une personne se nomment *héritiers*.

On compte deux espèces d'héritiers : les héritiers *légitimes* et les héritiers *institués*.

Les héritiers légitimes sont ceux qui succèdent

par la force de la loi, indépendamment de la volonté de l'homme.

Les héritiers institués sont ceux qui succèdent par la volonté de l'homme, manifestée dans un testament.

308. Les successions déférées aux héritiers légitimes sont de deux sortes : les unes sont *régulières* et les autres *irrégulières*.

309. Les successions régulières sont celles qui sont déférées à la famille du défunt, c'est-à-dire à ses enfants ou descendants, à ses ascendants et à ses parents collatéraux, dans les cas et les proportions déterminés par la loi, dont voici les principales dispositions :

La succession dévolue aux enfants se partage entre eux par égale portion et par tête : si un des enfants est décédé et a laissé des descendants, ceux-ci ne représentent qu'une seule tête et n'ont ensemble qu'une seule part, qu'ils se partagent.

Si celui qui est décédé n'a pas laissé d'enfants, ni de descendants, ni frères, ni sœurs, ni descendants d'eux, mais des ascendants dans la ligne paternelle et dans la ligne maternelle, on fait deux parts ; et l'ascendant du degré le plus proche dans chaque ligne prend la moitié de la succession ; s'il n'y a d'ascendants que dans une ligne, la succession leur appartient en entier, à l'exclusion de tous les autres collatéraux.

Si une personne est décédée sans postérité, sans père ni mère, mais avec des frères ou sœurs, ou descendants d'eux, la succession est partagée entre eux, à l'exclusion des ascendants.

Et si la personne décédée sans postérité avait encore son père et sa mère, et des frères ou sœurs, ou descendants d'eux, la succession est dévolue au père et à la mère par moitié, et l'autre moitié est dévolue aux frères ou sœurs, ou à leurs représentants.

S'il n'existe plus que le père ou que la mère, les frères et sœurs ou leurs représentants perçoivent les trois quarts de la succession.

310. Les successions irrégulières sont celles qui sont déférées aux enfants naturels, à l'époux survivant et à l'État.

Quand il n'existe aucun parent connu du défunt jusqu'au douzième degré, la succession appartient aux enfants naturels, s'il y en a; à défaut d'enfants naturels, à l'époux survivant, et à défaut d'époux survivant, à l'État.

311. Les successeurs réguliers sont saisis de plein droit des biens de la succession; ils continuent le défunt.

Les successeurs irréguliers doivent être envoyés en possession des biens par le tribunal d'arrondissement, après un certain temps et certaines formalités.

## SECTION VII.

*De l'acceptation et de la répudiation des successions.*

312. Quand une succession vous est échue, rien ne vous oblige à l'accepter; vous pouvez donc la repousser.

313. Il y a deux espèces d'acceptation :

1° L'acceptation *pure et simple;*

2° L'acceptation sous *bénéfice d'inventaire.*

314. Lorsque l'on accepte une succession pure-

ment et simplement, on est obligé d'acquitter les dettes et charges de la succession, quand même les biens que l'on y trouve seraient insuffisants.

315. Lorsqu'on accepte une succession sous bénéfice d'inventaire, on n'est obligé d'acquitter les dettes et charges de la succession que jusqu'à concurrence des biens que l'on recueille.

316. La répudiation ne se présume pas ; on doit faire au greffe du tribunal d'arrondissement une déclaration positive du refus d'accepter la succession.

### SECTION VIII.

*Du partage et du rapport, du payement des dettes, ainsi que de la rescision en matière de partage.*

317. Quand une succession est échue à plusieurs héritiers, et qu'elle est acceptée par eux, aucun des héritiers ne peut être forcé de demeurer dans l'indivision ; il peut donc obliger ses cohéritiers à procéder au partage de la succession.

318. Cependant, il peut être convenu entre les héritiers de rester dans l'indivision pendant cinq ans.

319. Le principe qui domine le partage d'une succession étant l'égalité des parts, il résulte que chaque héritier est obligé, dans certains cas, de rapporter à la masse des biens de la succession tout ce qu'il a reçu du défunt, soit directement, soit indirectement, et cela avant de procéder au partage définitif.

320. Les héritiers représentent le défunt ; et puisqu'ils lui succèdent dans ses biens, ils doivent aussi lui succéder dans les dettes qu'il laisse : chaque héritier doit donc prendre part aux dettes de la succession, en proportion de sa part héréditaire.

321. Le partage étant opéré, il peut être rescindé, c'est-à-dire annulé, pour trois causes :

1° Pour dol ;

2° Pour violence ;

3° Pour lésion.

Et puis on procède à un nouveau partage.

# CHAPITRE III.

**Des donations entre vifs et des testaments. — Règles particulières aux donations entre vifs. — Règles particulières aux testaments.**

## SECTION I<sup>re</sup>.

*Des donations entre vifs et des testaments.*

322. Il n'y a que deux moyens de disposer de son bien à titre gratuit, c'est-à-dire sans rien recevoir en retour :

1° Par *donation entre vifs;*

2° Par *testament.*

323. La *donation entre vifs* est un acte par lequel une personne se dépouille actuellement de tout ou partie de son bien en faveur d'une autre personne qui l'accepte : la donation entre vifs est essentiellement *irrévocable.*

Celui qui donne se nomme *donateur.*

Celui qui reçoit se nomme *donataire.*

324. Le *testament* est un acte par lequel une personne dispose de tout ou partie de son bien pour le temps où elle n'existera plus : le testament est essentiellement *révocable.*

Celui qui fait le testament se nomme *testateur.*

Celui qui reçoit par le testament se nomme *héritier institué* ou *légataire*.

325. Il faut remarquer que les dispositions, soit par donation entre vifs, soit par testament, faites sous des conditions impossibles ou contraires à l'ordre public et aux bonnes mœurs, ne rendent pas l'acte nul; mais ces conditions sont réputées non écrites.

326. En principe, chacun peut donner et recevoir par donation entre vifs et par testament : c'est de droit commun; mais cette règle générale renferme plusieurs notables exceptions : par exemple, celui qui est interdit, celui qui est frappé de mort civile, etc.

## SECTION II.

*Règles particulières aux donations entre vifs.*

327. Les actes portant donation entre vifs seront passés par-devant notaire, dans la forme ordinaire des contrats, et l'original de l'acte restera chez le notaire, sous peine de nullité.

328. On a dit (323) que la donation doit être acceptée par le donataire : cette acceptation peut être faite, ou dans l'acte de donation, ou par un acte séparé et postérieur, fait dans la même forme que l'acte de donation.

329. La donation n'engage le donateur que du jour où elle a été expressément acceptée par le donataire.

330. La donation entre vifs ne peut, en général, comprendre que les biens présents du donateur.

Et toute donation faite sous une condition dont l'exécution dépend de la seule volonté du donateur est nulle.

**Exceptions à l'irrévocabilité des donations entre vifs.**

331. On a dit (323) que la donation entre vifs est essentiellement irrévocable ; mais cette règle renferme plusieurs exceptions.

La donation entre vifs peut donc être révoquée dans trois cas :

1° Pour cause de l'inexécution des conditions imposées au donataire ;

2° Pour cause d'ingratitude de la part du donataire envers le donateur ;

3° Pour survenance d'enfants au donateur.

## SECTION III.

*Règles particulières aux testaments.*

332. On compte trois espèces de testaments :

1° Le *testament olographe ;*

2° Le *testament par acte public ;*

3° Le *testament mystique.*

333. Le testament *olographe* est celui qui est écrit en entier, daté et signé de la main du testateur.

334. Le testament *par acte public* est celui qui est reçu par deux notaires, en présence de deux témoins, ou par un notaire en présence de quatre témoins.

335. Le testament *mystique* est celui qui est écrit par le testateur, ou par une autre personne, mais toujours signé par le testateur ; puis, il est clos et scellé, et remis au notaire, en présence de six témoins, et tous, y compris le notaire, doivent signer l'acte de suscription dressé sur l'enveloppe du testament.

**336.** Il est des règles particulières concernant les testaments des militaires ou employés des armées, ainsi que pour ceux qui sont faits à bord des bâtiments de l'État ou des navires de commerce.

### Des institutions d'héritiers et des legs en général.

**337.** On a dit (324) que celui qui reçoit par testament se nomme *héritier institué* ou *légataire;* or, la loi civile reconnaît trois manières de disposer de son bien par testament :

1° Dispositions universelles ;

2° Dispositions à titre universel;

3° Dispositions à titre particulier.

De là, trois espèces de legs :

1° Legs universel;

2° Legs à titre universel ;

3° Legs particulier.

### Du legs universel.

**338.** On appelle *legs universel* la disposition testamentaire par laquelle le testateur donne à une ou plusieurs personnes l'universalité des biens qu'il laissera à son décès.

**339.** S'il y a des héritiers auxquels la loi réserve une portion des biens du testateur, le légataire universel est obligé de leur demander la délivrance de son legs; et il est tenu de prendre part aux dettes et charges de la succession, en proportion de la part qu'il prend dans les biens de la succession.

### Du legs à titre universel.

**340.** On nomme *legs à titre universel* la disposition testamentaire par laquelle le testateur laisse une quote-part des biens dont la loi lui permet de disposer, comme la moitié, le tiers, ou tous ses meubles, ou tous ses immeubles.

341. Le légataire à titre universel doit demander la délivrance de son legs à l'héritier légitime, s'il y en a un, ou bien au légataire universel.

Il doit également prendre part aux dettes et charges de la succession.

### Du legs particulier.

342. On nomme *legs particulier* la disposition par laquelle le testateur donne un objet déterminé de la succession.

343. Le légataire particulier ne prend point part aux dettes et charges de la succession; mais il doit demander à qui de droit (341) la délivrance de son legs.

### Des exécuteurs testamentaires.

344. On nomme *exécuteur testamentaire* celui que le testateur a chargé de faire exécuter ses dernières volontés : le testateur peut en nommer plusieurs.

345. Il n'y a que ceux qui sont capables de s'engager qui peuvent accepter les fonctions d'exécuteur testamentaire; car l'exécuteur est responsable de sa gestion envers les héritiers.

### De la révocation des testaments et de leur caducité.

346. On a vu (324) que les dispositions testamentaires sont essentiellement révocables : or, elles peuvent être révoquées de trois manières :

1° Par la volonté contraire, manifestée par le testateur, soit expressément, soit tacitement;

2° Par l'inexécution, de la part du légataire, des conditions qui lui ont été imposées par le testateur ;

3° Par l'ingratitude du légataire.

347. Une disposition testamentaire est caduque, lorsqu'étant devenue inutile, elle ne peut avoir aucun résultat : par exemple, quand le légataire vient à mourir avant le testateur, ou bien quand le légataire refuse le legs ou est incapable de le recevoir.

# CHAPITRE IV.

Des contrats ou obligations conventionnelles en général. — Des conditions indispensables à la validité des conventions. — De l'effet des obligations. — Des principales espèces d'obligations — De l'extinction des obligations. — De la preuve des obligations et de leur payement.

## SECTION I<sup>re</sup>.

*Des contrats ou obligations conventionnelles en général.*

348. La loi civile définit le *contrat :* une convention par laquelle une ou plusieurs personnes s'obligent envers une ou plusieurs autres à donner, à faire ou ne pas faire quelque chose.

On appelle *créancier* celui en faveur duquel doit être exécutée la convention, et *débiteur* celui qui est obligé de l'exécuter.

349. Diverses dénominations sont applicables aux contrats, et il arrive qu'un même contrat peut porter plusieurs de ces dénominations ; la loi en indique six :

1° Le contrat *synallagmatique* ou *bilatéral*, quand les contractants s'obligent réciproquement les uns envers les autres, comme dans la vente ;

2° Le contrat *unilatéral*, lorsqu'une personne s'oblige envers une autre, sans qu'il y ait d'engagement de la part de cette dernière, comme dans la donation entre vifs qui n'est pas grevée de charges ;

3° Le contrat *commutatif*, quand chacune des parties s'oblige à donner ou à faire une chose qui est regardée comme l'équivalent de ce qu'on lui donne ou de ce que l'on fait pour elle : par exemple, dans la vente, l'échange ;

4° Le contrat *aléatoire*, lorsque l'équivalent consiste dans la chance de perte ou de gain pour chacune des parties, d'après un événement incertain, comme dans la vente, par un pêcheur, d'un coup de filet ;

5° Le contrat *de bienfaisance* ou *à titre gratuit*, quand on donne ou fait quelque chose sans rien recevoir en retour : par exemple, dans la donation sans charges, pour celui qui reçoit ;

6° Enfin le contrat *à titre onéreux*, qui est celui où chacune des parties est obligée de donner ou de faire quelque chose, comme dans la vente, le louage.

350. Il existe des règles générales concernant toutes les espèces de contrats et des règles particulières à chaque espèce. On parlera d'abord des règles générales.

### SECTION II.

*Des conditions indispensables à la validité des conventions.*

351. Les conditions indispensables à la validité des conventions sont au nombre de quatre :

1° Le consentement libre des personnes qui s'obligent ;

2° La capacité de contracter ;

3° Un objet certain qui forme la matière du contrat ;

4° Une cause licite dans l'obligation.

### SECTION III.

*De l'effet des obligations.*

352. Les conventions formées d'après les règles établies tiennent lieu de loi à ceux qui les ont faites ; elles ne peuvent être révoquées que par eux, ou pour les causes autorisées par la loi ; elles doivent être exécutées de bonne foi.

353. On a dit (348) que les conventions ont pour but d'obliger à donner, à faire ou ne pas faire quelque chose.

Les principales règles qui concernent l'obligation de *donner* sont :

1° Que celui qui s'est obligé de donner doit livrer la chose, et la conserver jusqu'à la livraison, sous peine de dommages et intérêts ;

2° Que l'obligation de livrer la chose est parfaite par le seul consentement des parties contractantes, d'où il suit qu'en général elle met la chose au risque du créancier, du moment où elle a dû lui être livrée.

354. La principale règle qui concerne l'obligation de faire ou de ne pas faire, c'est que le créancier peut exiger du débiteur, en cas d'inexécution de la convention , des dommages et intérêts.

### SECTION IV.

*Des principales espèces d'obligations.*

355. Quand on s'oblige à exécuter une convention, on ne s'oblige pas toujours de la même manière : de là, les diverses espèces d'obligations.

Les principales espèces sont :

1° Les obligations conditionnelles ;

2° A terme ;

3° Alternatives ;

4° Solidaires ;

5° Avec clause pénale.

356. Dans une obligation *conditionnelle*, il faut entendre, par *condition*, tout événement futur et incertain dont on fait dépendre l'existence ou l'exécution d'une convention.

On compte deux sortes de conditions :

1° La condition suspensive ;

2° La condition résolutoire.

L'obligation est contractée sous une *condition suspensive*, quand on la fait dépendre d'un événement futur et incertain, ou d'un événement actuellement arrivé, mais inconnu des parties contractantes.

On appelle *condition résolutoire* celle qui, s'accomplissant, opère la révocation de l'obligation, et remet les choses dans le même état que si l'obligation n'avait pas existé.

357. Le *terme* est un laps de temps accordé au débiteur pour se libérer ; il diffère de la condition, en ce qu'il ne suspend pas l'engagement, mais il en retarde seulement l'exécution. Il est des circonstances où l'on peut être forcé d'exécuter une obligation avant l'arrivée du terme.

358. Il y a obligation *alternative*, lorsque le débiteur a le choix, pour se libérer, de donner l'une ou l'autre des choses comprises dans l'obligation.

Le choix appartient au débiteur, à moins de convention contraire.

359. Une obligation est *solidaire*, lorsque le total

de la dette peut être demandé par chaque créancier, ou être exigé de chaque débiteur ; de là, deux espèces de solidarité : celle des *créanciers* et celle des *débiteurs*.

Quand il y a solidarité entre les débiteurs, il suffit qu'un des débiteurs acquitte la dette pour que tous les autres débiteurs soient libérés.

Quand il y a solidarité entre les créanciers, il suffit que le débiteur paye la dette à un des créanciers pour qu'il soit libéré envers tous les autres créanciers.

360. Il y a obligation *avec clause pénale,* quand, pour assurer l'exécution d'une convention, une personne s'engage à· quelque chose, en cas d'inexécution : la clause pénale tient lieu alors de dommages et intérêts.

## SECTION V.

### *De l'extinction des obligations.*

361. Les obligations cessent d'exister par dix moyens :

1° Par le *payement* : c'est l'acquittement ou l'exécution d'une obligation quelconque ;

2° Par la *novation* : c'est la substitution d'une nouvelle dette à l'ancienne, qui se trouve par ce moyen entièrement éteinte ; la novation peut s'opérer de plusieurs manières ;

3° Par la *remise volontaire de la dette* : c'est le consentement que donne le créancier, en renonçant à ses droits, à ce que la dette soit éteinte ;

4° Par la *compensation* : elle a lieu quand deux personnes sont débitrices l'une de l'autre d'une même somme ; alors, par la seule force de la loi, les deux dettes sont éteintes ;

5° Par la *confusion* : c'est la réunion sur une même personne des qualités de débiteur et de créancier d'une même dette ;

6° Par la *perte de la chose* : parce qu'alors le contrat manque d'un objet certain (351) ;

7° Par la *nullité* ou *rescision* : quand l'acte est entaché de quelque vice qui lui ôte sa valeur;

8° Par l'*effet de la condition résolutoire* (356);

9° Par la *prescription;*

10° Par le *consentement mutuel des parties contractantes* (352).

## SECTION VI.

*De la preuve des obligations et de leur payement.*

362. Celui qui réclame l'exécution d'une obligation doit prouver l'existence de cette obligation.

Celui qui se prétend libéré doit prouver le payement ou le fait qui a éteint l'obligation.

363. On compte cinq manières de prouver l'existence d'une obligation ou son payement; ce sont :

1° La *preuve littérale.*

C'est celle qui a lieu par des titres ou des écrits; ces écrits ou titres sont de plusieurs espèces, mais les principaux sont les titres authentiques et les titres sous seing privé.

2° La *preuve testimoniale.*

C'est celle qui résulte de la déclaration des personnes qui ont été présentes au fait que l'on cherche à établir.

En matière civile, cette preuve n'est point admise quand la valeur qui a fait naître la contestation s'élève au-dessus de cent cinquante francs, à moins qu'il n'existe un commencement de preuve par écrit.

3° Les *présomptions.*

Ce sont les conséquences que l'on tire d'un fait connu à un fait inconnu.

Les unes sont établies par la loi, les autres sont abandonnées aux lumières des juges.

4° L'*aveu de la partie.*

C'est la déclaration par laquelle le débiteur reconnaît l'obligation qu'il a contractée.

5° Le *serment.*

C'est l'affirmation d'un fait, par une des parties, en prenant Dieu à témoin.

# CHAPITRE V.

Des engagements qui se forment sans convention. — Du contrat de mariage. — Du contrat de vente. — Du contrat d'échange. — Du contrat de louage.—Du contrat de société. — Du prêt.—Du dépôt. — Du séquestre. — Des contrats aléatoires.

## SECTION I<sup>re</sup>.

*Des engagements qui se forment sans convention.*

364. Les engagements qui se forment sans convention sont au nombre de trois :

1° Le quasi-contrat ;

2° Le délit ;

3° Le quasi-délit.

365. On appelle *quasi-contrat* le fait purement volontaire de l'homme dont il résulte un engagement envers quelqu'un : ainsi, par exemple, quand on gère, sans en avoir été chargé, l'affaire d'autrui ; par ce seul fait, on est responsable de sa gestion.

**366.** On nomme *délit* l'action par laquelle on nuit à autrui avec intention de lui nuire.

**367.** On nomme *quasi-délit* l'action par laquelle on nuit à autrui sans intention de lui nuire, par imprudence ou négligence.

**368.** Dans le délit et le quasi-délit on est obligé de réparer le tort que l'on a fait; et dans le délit, outre la réparation du tort, une punition peut être infligée.

SECTION II.

### Du contrat de mariage.

**369.** On appelle *dot* le bien que la femme apporte au mari pour l'aider à supporter les charges du mariage.

**370.** On nomme *contrat de mariage* les conventions pécuniaires que font les époux en vue du mariage : ce contrat doit toujours être passé par-devant notaire.

**371.** Le législateur, pour favoriser le mariage, a permis aux époux de faire leurs conventions matrimoniales comme ils le jugent à propos, pourvu qu'elles ne soient point contraires à l'ordre public et aux bonnes mœurs.

**372.** On peut se marier de plusieurs manières, quant aux biens; les deux principales sont :

1° Sous le régime de la communauté;

2° Sous le régime de la séparation de biens.

**373.** On définit la *communauté*, une *société* de biens entre époux.

On compte deux espèces de communauté :

1° La communauté légale;

2° La communauté conventionnelle.

374. On est marié sous le régime de la *communauté légale*, quand on ne fait point de contrat, ou que l'on déclare simplement qu'on entend se marier sous le régime de la communauté.

Sous ce régime, au mari seul appartient le droit d'administrer les biens de la femme.

On est marié sous le régime de la *communauté conventionnelle*, lorsque les époux, ne voulant pas se conformer entièrement aux règles de la loi civile, font entrer dans leur contrat de mariage des conventions particulières : leurs droits respectifs sont alors réglés par ces conventions.

375. Lorsque, par le contrat de mariage, les époux déclarent se marier avec *séparation de biens*, il en résulte que la femme a le droit d'administrer ses biens personnels, meubles et immeubles, et a, de plus, la jouissance de ses revenus.

Dans ce cas, les époux contribuent aux charges du ménage dans les proportions déterminées dans leur contrat de mariage ; s'il n'existe aucune convention à cet égard, la femme contribue aux charges jusqu'à concurrence du tiers de ses revenus.

## SECTION III.

### *Du contrat de vente.*

376. Le contrat de *vente* est une convention par laquelle une personne s'oblige à livrer une chose, et l'autre à en payer le prix en argent.

377. Le contrat de vente est moins ancien que le contrat d'échange : le contrat de vente n'existe que depuis l'invention des monnaies.

Le contrat de vente peut être fait :

1° Par acte sous seing privé ;

2° Par acte authentique;

3° Verbalement, c'est-à-dire de vive voix ; mais il faut que le contrat soit avoué par les parties, à moins que la valeur de l'objet du contrat ne s'élève pas à cent cinquante francs, auquel cas on peut prouver l'existence de ce contrat par témoins (363).

378. Le contrat de vente porte plusieurs des dénominations indiquées au n° 349. Il est à la fois *synallagmatique* ou *bilatéral*, *commutatif* et à *titre onéreux*.

379. En général, la vente est parfaite entre les parties, et à leur égard seulement, dès qu'on est convenu de la chose et du prix. quoique la chose ne soit pas encore livrée et le prix payé.

380. Les frais d'actes et autres accessoires sont à la charge de l'acheteur, à moins de convention contraire.

381. Tout le monde peut acheter et vendre : c'est de droit commun, excepté ceux auxquels la loi l'a défendu : par exemple, le mineur, l'interdit, la femme sous puissance de mari, etc.

382. Tout ce qui est dans le commerce peut être vendu, quand, néanmoins, quelque loi particulière ne l'empêche pas; mais il faut remarquer :

1° Que la vente de la chose d'autrui est nulle;

2° Que l'on ne peut vendre la succession d'une personne vivante;

3° Que la vente est nulle, si, au moment de la vente, la chose qui en fait l'objet est périe en totalité (351).

### Des obligations de l'acheteur et du vendeur.

383. Deux obligations principales sont imposées au vendeur :

1° Celle de livrer la chose vendue ;

2° Celle de garantir cette chose.

La *délivrance* est le transport de la chose vendue en la puissance et la possession de l'acheteur.

La *garantie* est l'obligation où est le vendeur de répondre à l'acheteur de la possession paisible de la chose vendue et des défauts cachés de cette chose.

384. La principale obligation de l'acheteur est de payer le prix de la chose qui lui est vendue, au jour et au lieu réglés par la vente.

Et, s'il n'a rien été convenu à cet égard, l'acheteur doit payer au temps et au lieu où doit se faire la délivrance.

### De la nullité et de la résolution de la vente.

385. Indépendamment des causes de nullité qui concernent toutes les espèces de contrats (351), la vente peut encore être résolue :

1° Par l'exercice de la faculté de rachat ;

2° Par suite de lésion, c'est-à-dire par la vilité du prix qu'on a reçu de la chose vendue.

386. Il y a faculté de rachat ou vente à réméré, quand on vend et qu'on se réserve le droit de racheter l'objet vendu ; la faculté de racheter ne peut être stipulée que pour cinq années.

Il y a lésion ou vilité de prix, lorsque l'objet a été vendu plus de sept douzièmes au-dessous de sa valeur.

## SECTION IV.

### Du contrat d'échange.

387. Le contrat d'*échange* est une convention par laquelle deux personnes s'obligent à se donner respectivement une chose pour une autre.

388. Ce contrat, comme on sait, est plus ancien que le contrat de vente ; il s'opère également par le seul consentement des parties.

389. La rescision ou annulation de ce contrat pour cause de lésion n'est point admise ; du reste, toutes s autres règles concernant la vente sont applicables à l'échange.

## SECTION V.

### Du contrat de louage.

390. Le contrat de *louage*, en général, est une convention par laquelle une personne s'oblige envers une autre personne à la faire jouir pendant un certain temps, et pour un prix convenu, d'une chose ou de son travail.

Celui qui s'oblige à faire jouir l'autre se nomme *bailleur* ou *locateur*.

L'autre se nomme *preneur, locataire, conducteur, colon* ou *fermier*, suivant la nature de la chose qui fait l'objet du contrat.

391. On compte deux sortes de contrats de louage :

1° Le louage des choses ;

2° Le louage d'ouvrage.

#### Du louage des choses.

392. On peut, en général, louer toutes sortes de biens meubles et immeubles.

Mais les règles que renferme le code civil, quant au louage des choses, ne concernent que le louage des *maisons*, des *fermes* et des *bestiaux*.

393. Le louage des maisons et des meubles se nomme *bail à loyer*.

Le louage des héritages ruraux se nomme *bail à ferme*.

Le louage des bestiaux se nomme *bail à cheptel*.

394. Le *bail à loyer* peut se faire par écrit ou verbalement.

Si le bail est fait par écrit, les contractants se conforment à ce qui a été convenu dans l'acte.

Si le bail est fait verbalement, et s'il y a contestation sur l'existence de ce bail, elle ne peut être prouvée par témoins, bien que la valeur ne s'élève pas à cent cinquante francs ; le serment (363) peut seulement être déféré à celui qui nie le bail.

S'il y a contestation sur le prix du bail, et qu'il n'existe point de quittance, le locateur est cru sur son serment, à moins que le locataire ne préfère demander l'estimation par experts.

Un expert est une personne versée dans la connaissance d'une chose.

En ce qui concerne la durée du bail à loyer, s'il n'a rien été convenu à cet égard, le bail dure jusqu'à ce que l'une des parties donne congé à l'autre ; et on se conforme pour cela à l'usage des lieux.

395. Tout locataire peut sous-louer si cette faculté ne lui a pas été interdite.

396. Les principales obligations du bailleur sont :

1° De délivrer au preneur la chose louée en bon état de réparations ;

2° D'entretenir la chose louée en état de servir à l'usage pour lequel elle a été louée ;

3° De faire jouir paisiblement le preneur ou le locataire, pendant la durée du bail.

Les principales obligations du preneur sont :

1° De garnir la maison de meubles suffisants pour répondre du loyer : sinon, il peut être expulsé ;

2° De payer le prix du bail aux termes convenus ;

5° De jouir de la chose en bon père de famille, car il répond des dégradations qui proviennent de son fait.

397. Le *bail à ferme* peut, comme le bail à loyer, se faire par écrit ou verbalement.

S'il a été fait verbalement, et s'il y a contestation sur l'existence ou sur le prix du bail, on se conforme à ce qui a été dit au n° 394.

Quant à la durée du bail à ferme, s'il n'existe point de convention, le bail est censé fait pour le temps qui est nécessaire afin que le preneur recueille tous les fruits de l'héritage affermé : ainsi le bail à ferme d'un pré ou d'une vigne, dont les fruits se recueillent en entier dans le cours d'une année, est censé fait pour un an.

398. Le preneur à ferme a le droit de sous-louer, si cette faculté ne lui a pas été interdite.

399. Le *bail à cheptel* est un contrat par lequel l'une des parties donne à l'autre un fonds de bétail pour le garder, le nourrir et le soigner, suivant les conditions convenues entre elles.

On peut donner à cheptel toute espèce d'animaux susceptibles de croît (238) ou profit pour l'agriculture ou le commerce.

400. On compte cinq sortes de cheptels ; nous ne parlerons que des trois suivants :

Le *cheptel simple* ou *ordinaire*, quand le preneur doit profiter de la moitié du croit et supporter la moitié de la perte ;

Le *cheptel à moitié*, lorsque chacun des contractants fournit la moitié des bestiaux, qui demeurent communs pour le profit ou pour la perte ;

Le *cheptel donné par le propriétaire à son fermier*, par lequel le fermier est obligé de laisser dans la ferme, à la fin du bail, des bestiaux d'une valeur égale à l'estimation de ceux qu'il a reçus.

### Du louage d'ouvrage et d'industrie.

401. On compte trois principales espèces de louage d'ouvrage et d'industrie :

1° Louage des gens de travail (domestiques ou ouvriers) qui s'engagent au service de quelqu'un ;

2° Celui des voituriers, tant par terre que par eau, qui se chargent du transport des personnes et des marchandises ;

3° Celui des entrepreneurs d'ouvrage, par suite de *devis, marchés* ou *prix faits,* quand celui qui commande le travail fournit la matière.

402. Chacune de ces trois espèces de louage a des règles qui lui sont particulières ; voici quelques-unes des principales règles :

403. *Louage des gens de travail.* Les ouvriers ou les domestiques ne peuvent engager leurs services que pour un temps ou pour une entreprise déterminée ; ils ne peuvent donc pas les engager pour toujours.

S'il survient une contestation entre le maître et l'ouvrier ou le domestique sur

Le montant des gages;

Le payement des gages de l'année échue ;

Les à-compte donnés pour l'année courante, le maître est cru, en justice, sur son affirmation.

404. *Louage des voituriers* ou *des maîtres de bateaux*. Les voituriers et les maîtres de bateaux sont responsables des marchandises et autres objets qui leur ont été confiés.

Cette responsabilité n'a pas lieu si les marchandises ou autres objets ont été avariés ou perdus sans la faute des voituriers ou maîtres de bateaux : par exemple, si la foudre vient à incendier une voiture et son chargement.

Les entrepreneurs de voitures publiques par terre et par eau doivent inscrire sur un registre l'argent, les marchandises et les paquets dont ils se chargent.

405. *Louage des entrepreneurs d'ouvrage* par devis, marchés ou à prix faits.

On nomme *devis* un écrit dans lequel on désigne approximativement les matériaux nécessaires pour faire un ouvrage, ainsi que le prix de ces matériaux et de la main-d'œuvre.

Le *marché* est un acte qui contient les conditions auxquelles se soumettent l'entrepreneur qui veut faire l'ouvrage et celui pour lequel l'ouvrage doit être fait.

Le *prix fait* a lieu quand un entrepreneur consent à faire un ouvrage moyennant une somme convenue.

Le devis, le marché ou le prix fait pour l'entreprise d'un ouvrage, moyennant un prix déterminé, n'est un louage que lorsque la matière est fournie par celui pour lequel l'ouvrage se fait : ce n'est que sous ce point de vue que l'on va considérer le devis, le marché ou le prix fait.

Si la chose que l'entrepreneur s'est chargé de faire travailler, ou que l'ouvrier s'est chargé de travailler, vient à périr par la faute de l'entrepreneur ou de l'ouvrier, il est responsable de sa faute.

Si la chose périt sans la faute de l'entrepreneur ou de l'ouvrier, mais avant que l'ouvrage ait été reçu par le maître et avant que ce dernier fût en demeure de vérifier l'ouvrage, l'entrepreneur ou l'ouvrier n'a point de salaire à réclamer.

Si cependant la chose vient à périr par le vice de la matière qui lui a été fournie par le maître, l'entrepreneur ou l'ouvrier peut réclamer le prix de son travail.

## SECTION VI.

### *Du contrat de société.*

**406.** Le *contrat de société* est une convention par laquelle deux ou plusieurs personnes s'obligent à mettre quelque chose en commun, dans la vue de partager le bénéfice qui pourra en résulter.

**407.** On compte deux sortes de sociétés civiles :

1° La société particulière ;

2° La société universelle.

**408.** On entend par société *particulière* celle qui a pour objet :

1° Ou certaines choses déterminées ;

2° Ou leur usage ;

3° Ou les fruits à recueillir ;

4° Ou une entreprise particulière ;·

5° Ou l'exercice de quelque métier ou profession.

409. On appelle société *universelle* celle qui a pour but de mettre en commun tous les biens que l'on possède, ou les gains que l'on peut faire.

410. Toute société, particulière ou universelle, doit

Avoir un objet licite ;

Être contractée dans l'intérêt commun ;

De plus, chaque associé doit y apporter ou de l'argent, ou d'autres biens, ou son industrie.

Une société peut finir principalement par les causes suivantes :

1° Par l'expiration du temps pour lequel elle a été contractée ;

2° Par l'extinction de la chose qui fait l'objet de la société ;

3° Par la mort naturelle ou civile de l'un des associés ;

4° Et par la volonté qu'un seul ou plusieurs expriment de ne plus être en société, quand il n'y a pas eu de temps fixé pour la durée de la société.

## SECTION VII.

### *Du prêt.*

411. On compte deux sortes de prêts :

1° Le *prêt gratuit ;*

2° Le *prêt à intérêts.*

Celui qui prête se nomme *prêteur,* celui à qui l'on prête se nomme *emprunteur.*

### Du prêt gratuit.

412. Il y a deux espèces de prêts gratuits :

1° Le prêt à usage ;

2° Le prêt de consommation.

Le prêt *à usage* est celui des choses dont on peut se servir sans les détruire, comme un cheval, une table.

Le prêt de *consommation* est celui des choses dont on ne peut faire usage sans les consommer, comme de la farine, de l'huile, du vin.

413. L'emprunteur à usage doit veiller à la conservation de l'objet prêté, en bon père de famille, et le rendre à l'époque convenue ou lorsqu'il s'en est servi, sous peine de dommages et intérêts.

414. L'emprunteur à consommation doit rendre, au temps convenu, la chose à lui prêtée en parcille qualité, quantité, poids ou mesure.

### Du prêt à intérêt.

415. On appelle *intérêt* tout ce que l'emprunteur rend au prêteur au delà de la chose ou de la somme d'argent à lui prêtée.

416. Il est permis de demander des intérêts pour le prêt de denrées, ou autres choses mobilières ; mais l'intérêt est principalement exigé pour le prêt d'une somme d'argent.

417. L'intérêt qu'on peut percevoir pour une somme est fixé par la loi à cinq pour cent par an, en matière civile, et à six pour cent par an, en matière commerciale.

Tout intérêt plus élevé est usuraire, et celui qui se livre habituellement à l'usure peut être poursuivi et condamné à une amende plus ou moins considérable.

## SECTION VIII.

### Du dépôt.

418. Le *dépôt* proprement dit est un acte par lequel on reçoit la chose d'autrui, à la charge de la garder et de la rendre en nature.

Ce dépôt ne peut avoir pour objet que des choses mobilières.

Celui qui doit garder la chose se nomme *dépositaire*.

L'autre se nomme *déposant*.

419. Il y a deux espèces de dépôts :

1° Le dépôt volontaire ;

2° Le dépôt nécessaire.

420. Le dépôt *volontaire* est celui qui se fait du consentement réciproque du dépositaire et du déposant.

Le dépôt *nécessaire* est celui qui se fait par suite de quelque accident, comme un incendie, un naufrage ;

Ou bien celui que font les voyageurs, de leurs effets, chez les aubergistes ou hôteliers où ils logent.

421. Ces deux espèces de dépositaires sont responsables du dépôt qu'ils ont reçu ; cependant ils ne répondent pas des dommages et vols faits par des gens armés ou par toute autre force majeure.

## SECTION IX.

### Du séquestre.

422. Le *séquestre* est, en général, un dépôt fait à quelqu'un par plusieurs personnes qui sont en contestation sur la possession ou la propriété d'un bien mobilier ou immobilier, et afin que le bien soit

rendu à qui de droit, quand la contestation sera terminée.

423. Il y a deux sortes de séquestres :

1° Le séquestre conventionnel ;

2° Le séquestre judiciaire.

Le séquestre *conventionnel* est celui qui est fait volontairement par les personnes en contestation.

Le séquestre *judiciaire* est celui qui est ordonné par la justice.

### SECTION X.

#### *Des contrats aléatoires.*

424. Le contrat *aléatoire* est une convention dont les effets, quant aux avantages et aux pertes, soit pour toutes les parties, soit pour une ou plusieurs d'entre elles, dépendent d'un événement incertain, comme, par exemple, le jeu et le pari, le contrat d'assurance, le prêt à la grosse aventure, etc.

425. Le *jeu* est une convention par laquelle celui des contractants qui perdra la partie payera à l'autre une certaine chose.

Le *pari* est une convention par laquelle les parties, prétendant que telle ou telle chose est ou n'est pas, que tel ou tel événement arrivera ou n'arrivera pas, stipulent que celle qui aura raison recevra de l'autre une chose déterminée.

La loi n'accorde, en général, aucune action en justice pour forcer à payer celui qui doit par suite du jeu ou du pari ; mais s'il a payé volontairement ce qu'il a perdu, la loi ne lui permet pas de se le faire restituer.

Pour ce qui concerne le *contrat d'assurance* et le *prêt à la grosse aventure*, voyez les notions de droit commercial.

# CHAPITRE VI.

Du mandat. — Du cautionnement. — De la transaction. — De la contrainte par corps. — De l'expropriation forcée.

## SECTION 1re.

### Du mandat.

426. Le *mandat* est un acte par lequel une personne donne à une autre le pouvoir de faire quelque chose pour elle et en son nom.

Celui qui donne le pouvoir se nomme *mandant*.

Celui à qui on le donne se nomme *mandataire* ou *procureur fondé*.

L'acte, en lui-même, se nomme *mandat, procuration* ou *pouvoir*.

427. Le mandat peut être donné de plusieurs manières :

1° Par acte public ;

2° Sous seing privé ;

3° Par lettre ;

4° Verbalement.

428. Il peut être donné pour une affaire, ou certaines affaires, ou pour toutes les affaires du mandant.

Dans le premier cas, c'est un mandat *spécial*.

Dans le second cas, c'est un mandat *général*.

Le mandataire doit accepter le mandat, et il peut être accepté tacitement par lui.

429. Le mandataire ne peut agir au delà de ce qui est exprimé dans le mandat, et il est responsable de sa gestion : aussi n'y a-t-il, en général, que les personnes capables de s'obliger qui soient aptes à accepter un mandat.

**430.** Le mandat peut finir de plusieurs manières :

1° Par la révocation du mandataire ;

2° Par la renonciation de celui-ci au mandat ;

3° Par la mort naturelle, par la mort civile et par la déconfiture, soit du mandant, soit du mandataire.

## SECTION II.

### *Du cautionnement.*

**431.** Le *cautionnement* est un contrat par lequel une ou plusieurs personnes s'obligent à remplir une obligation, dans le cas où le débiteur de cette obligation ne la remplirait pas lui-même.

Comme on voit par cette définition, le cautionnement est un contrat accessoire, qui a pour but d'assurer l'exécution d'un premier contrat.

**432.** Le cautionnement ne peut excéder le montant de ce qui est dû, mais il peut être moindre.

L'obligation qui résulte du cautionnement s'éteint par les mêmes causes que les autres obligations.

## SECTION III.

### *De la transaction.*

**433.** La *transaction* est un contrat par lequel les parties terminent une contestation née, ou préviennent une contestation à naître, en abandonnant respectivement quelques-unes de leurs prétentions.

**434.** Le but de la transaction étant d'empêcher un procès, il faut que ce contrat soit rédigé par écrit, ou authentique, ou sous seing privé.

**435.** Il n'y a que les personnes qui peuvent disposer de l'objet compris dans la transaction qui puissent transiger.

## SECTION IV.

### *De la contrainte par corps.*

436. La *contrainte par corps*, c'est-à-dire la détention dans la maison pour dette, est un moyen donné au créancier pour forcer un débiteur à exécuter le payement d'une obligation.

437. La contrainte par corps, en matière civile, est bien moins souvent employée qu'en matière commerciale : elle ne peut avoir lieu que par suite d'un jugement ; et le juge ne peut encore la prononcer que dans certaines circonstances, et contre certaines personnes.

## SECTION V.

### *De l'expropriation forcée.*

438. L'*expropriation forcée*, en matière civile, est un moyen donné au créancier pour forcer le débiteur à remplir son obligation.

Ce moyen consiste à faire saisir et vendre les biens meubles et immeubles de son débiteur, pour se faire payer sur le prix.

439. Cette faculté est donnée au créancier, parce qu'en principe, quiconque s'est obligé personnellement est tenu de remplir son obligation sur tous ses biens présents et à venir.

# CHAPITRE VII.

Du nantissement. — Des priviléges. — Des hypothèques. — De la prescription.

## SECTION I".

### Du nantissement.

**440.** Le *nantissement* est un contrat par lequel un débiteur remet en dépôt une chose à son créancier, pour sûreté de sa dette.

**441.** Il y a deux sortes de nantissements :

1° Celui des choses mobilières : il s'appelle *gage ;*

2° Celui des choses immobilières : il s'appelle *antichrèse.*

**442.** Le gage donne au créancier le droit de se faire payer sur la chose qui en est l'objet, de préférence aux autres créanciers.

**443.** L'antichrèse donne au créancier la faculté de recueillir les fruits de l'immeuble qui en est l'objet, à la charge de les imputer sur ce qui lui est dû.

## SECTION II.

### Des priviléges.

**444.** Le *privilége* est un droit que la qualité de la créance donne à un créancier, d'être payé préférablement à tous les autres créanciers du débiteur, même aux créanciers hypothécaires.

**445.** La loi civile, tout en déterminant quelles sont les créances privilégiées, règle aussi l'ordre qui doit être suivi entre les créanciers privilégiés pour être payés sur les biens du débiteur.

La préférence se règle par les différentes qualités

des priviléges, et ceux qui sont dans le même rang sont payés par concurrence.

### SECTION III.

#### *Des hypothèques.*

446. L'*hypothèque* est le droit que l'on a sur les immeubles qui ont été affectés à l'acquittement d'une obligation.

Elle suit les immeubles, dans quelques mains qu'ils passent.

On voit, par cette définition, que les meubles ne sont pas susceptibles d'hypothèques; il n'y a que les immeubles.

447. Quand un bien immeuble est affecté de plusieurs hypothèques, la plus ancienne passe avant celle qui l'est moins, suivant l'ordre d'inscription aux bureaux établis pour procéder à cette inscription : c'est-à-dire que le créancier qui est le premier inscrit est d'abord payé intégralement, puis vient le créancier inscrit en second, et ainsi de suite, tant qu'il reste de quoi payer.

448. On compte trois sortes d'hypothèques :

1° L'hypothèque légale;

2° L'hypothèque judiciaire;

3° L'hypothèque conventionnelle.

449. L'*hypothèque légale* est celle qui résulte de la loi. Par exemple, la femme a, pour garantie de sa dot, une hypothèque légale sur les immeubles de son mari; un mineur, un interdit, sur ceux de leur tuteur, pour répondre de leur gestion.

L'*hypothèque judiciaire* est celle qui est le résulta d'un jugement.

L'*hypothèque conventionnelle* est celle qui provient d'un contrat fait entre particuliers capables de s'obliger.

Cette dernière hypothèque doit toujours être consentie par un écrit fait devant notaire.

## SECTION IV.

### De la prescription.

450. La *prescription* est une manière d'acquérir, après un certain laps de temps, la propriété d'un bien, soit meuble, soit immeuble (232-235), dont on n'avait que la possession, ou bien de se libérer de l'exécution d'une obligation (361).

451. La prescription a été établie, afin que la propriété ne demeurât pas toujours incertaine, dans l'intérêt de l'ordre public et pour le repos des familles.

452. Le laps de temps pour prescrire, afin d'acquérir et afin de se libérer, varie beaucoup.

453. La prescription court contre toutes personnes, excepté contre les incapables ; et l'on ne peut prescrire que le domaine des choses qui sont dans le commerce.

454. La prescription peut être ou suspendue, ou interrompue, par le moyen de certains actes, et dans certaines circonstances.

455. Pour prescrire, afin d'acquérir, il faut posséder pour soi et à titre de propriétaire.

456. On ne peut, d'avance, renoncer à la prescription, mais on peut renoncer à celle qui est acquise.

# NOTIONS
# DE DROIT COMMERCIAL.

Le commerce et l'industrie contribuent puissamment à la grandeur et à la prospérité des États. La France n'est devenue une nation réellement commerçante qu'à compter du règne de Louis XIV. Avant ce temps, ses opérations commerciales étaient très-restreintes ; elles se bornaient à un commerce intérieur, à un commerce de consommation et de cabotage. Les productions exotiques ne nous parvenaient que par l'entremise de certaines nations étrangères. Louis XIV et son habile ministre Colbert pensèrent, et avec juste raison, qu'il serait plus avantageux aux Français d'aller chercher eux-mêmes ces productions à leur source que de les recevoir de mains étrangères. Des comptoirs furent donc établis dans diverses parties du monde ; des compagnies se formèrent ; une marine marchande fut créée pour ces nouveaux besoins, ainsi qu'une marine de guerre pour protéger la marine marchande, et les navires français sillonnèrent bientôt toutes les mers.

Cependant le grand roi, le roi créateur du haut commerce et de la marine, n'en demeura point là : il compléta son œuvre ; il régla par plusieurs ordonnances, et entre autres par celle de 1673, toutes les matières commerciales et maritimes. Ces ordonnances, monument de sagesse, ont été la base de notre législation commerciale actuelle.

Le code de commerce français, maintenant en vigueur, a été rédigé sous l'Empire, et rendu exécutoire le 1<sup>er</sup> janvier 1808.

# LIVRE PREMIER.

## CHAPITRE PREMIER.

**Des commerçants. — Qui peut être commerçant. — De certaines obligations imposées par la loi aux commerçants.**

### SECTION I<sup>re</sup>.

*Des commerçants.*

457. Le commerce consiste dans la vente et l'achat ou l'échange des marchandises, dans la vue de faire un bénéfice.

458. Par marchandises on doit entendre les objets mobiliers qui sont une production de la nature ou de l'industrie.

459. La loi définit le commerçant, celui qui *exerce des actes de commerce et qui en fait sa profession habituelle.*

460. On distingue quatre classes principales de commerçants :

1° Les négociants ;

2° Les banquiers ;

3° Les manufacturiers ou fabricants ;

4° Les marchands.

461. Les *négociants* sont ceux qui vendent et achètent les marchandises en gros, c'est-à-dire par balles, par caisses, par tonneaux , etc. ; ils n'ont ni boutique ouverte, ni enseigne.

462. Les *banquiers* sont ceux qui escomptent les billets à ordre , et font remettre des sommes d'une place de commerce dans une autre , par le moyen des lettres de change.

**463.** Les *manufacturiers* ou *fabricants* sont ceux qui, à l'aide de métiers ou machines, confectionnent avec des matières premières divers objets, qu'ils livrent ensuite au commerce.

**464.** Les *marchands* sont ceux qui vendent en détail, au litre, au mètre, etc. ; ils ont ordinairement des marques extérieures de leur négoce : une boutique ou magasin, une enseigne, un étalage.

## SECTION II.

### *Qui peut être commerçant.*

**465.** En principe, chacun peut être commerçant. Il est cependant des personnes à qui la loi ne le permet pas.

**466.** La loi ne permet pas la profession de commerçant principalement :

1° Aux agents de change ;

2° Aux courtiers royaux ;

3° Aux officiers et administrateurs de la marine ;

4° Aux consuls français ;

5° A ceux qui sont incapables de prendre des engagements valables : tels que les mineurs, les interdits, les femmes mariées.

**467.** Cependant, et par exception, la femme mariée et le mineur peuvent devenir commerçants, en réunissant certaines conditions :

La femme mariée doit être autorisée par son mari.

Le mineur doit :

1° Avoir dix-huit ans accomplis ;

2° Être émancipé (196);

3° Être autorisé par son père ou par sa mère ; à leur défaut, par une délibération du conseil de famille (180), approuvée par le tribunal d'arrondissement (29) ;

4° Faire enregistrer et afficher l'acte d'autorisation au tribunal de commerce du lieu où il veut
établir son domicile.

Avec ces quatre conditions, le mineur est réputé
majeur pour tous les actes de commerce.

### SECTION III.

#### *De certaines obligations imposées par la loi*
#### *aux commerçants.*

468. Le commerce exige *célérité*, *exactitude*,
*loyauté* et *confiance*.

469. La tenue régulière des registres et de la
correspondance est donc une chose des plus importantes pour le commerçant, toute négligence à ce
sujet pouvant avoir pour lui les conséquences les
plus fâcheuses.

470. Aussi la loi impose-t-elle à tout commerçant
les obligations suivantes :

Il doit, indépendamment des autres livres usités
dans le commerce,

1° Tenir un livre journal ;

2° Tenir un livre de copies de lettres ;

3° Conserver en liasse les lettres qu'il reçoit ;

4° Faire un inventaire tous les ans et le transcrire
sur un registre particulier ;

5° Conserver pendant dix ans les registres exigés
par la loi.

471. Le *livre journal* doit présenter jour par jour,
par ordre de dates, sans blancs ni transports en
marge, toutes les opérations du commerçant ; ainsi
il doit y inscrire :

1° Ses dettes ;

2° Ses créances ;

3° Ses achats, ses ventes et ses échanges ;

4° Ses négociations, ses acceptations et ses endos-sements ;

5° Tout ce qu'il acquiert, de quelque manière que ce soit ;

6° Toutes les dépenses de sa maison, et générale-ment tout ce qu'il reçoit et tout ce qu'il paye.

Enfin, son livre journal doit être le miroir de ses affaires.

472. Le livre journal devra être visé, coté et para-phé à chaque feuillet, une fois chaque année, par un des juges du tribunal de commerce, et, à défaut du juge, par le maire ou son adjoint.

473. Le *livre de copies de lettres* sert seulement à transcrire toutes les lettres de commerce écrites par le commerçant à ses correspondants ; il n'est pas nécessaire de faire viser ni parapher ce livre.

474. Les *lettres de commerce reçues* doivent être conservées en liasse, parce que, en cas de contesta-tion, elles peuvent contribuer à éclairer les juges, aussi bien que les livres de commerce.

475. L'*inventaire* est un état de tout ce que pos-sède le commerçant, en marchandises et autres biens meubles et en biens immeubles ; de tout ce qu'il doit et de tout ce qui lui est dû. Dans cet in-ventaire, on doit soigneusement distinguer les créances douteuses et mauvaises des créances qui sont bonnes.

Le but de l'inventaire est de faire connaître exac-tement au commerçant la véritable situation de ses affaires.

**476.** Les livres que les commerçants sont obligés de tenir, s'ils ont été régulièrement tenus, peuvent être présentés en justice et y faire foi, en cas de contestation entre commerçants, et pour faits de commerce, ou en cas de faillite.

---

# CHAPITRE II.

Des sociétés commerciales.—De la société en nom collectif.— De la société en commandite. — De la société anonyme. — — Des règles communes aux trois espèces de sociétés.— De certaines formalités relatives au mariage des commerçants.

## SECTION I<sup>re</sup>.

### *Des sociétés commerciales.*

**477.** On sait que l'on *définit le contrat de société*, en général, une convention par laquelle deux ou plusieurs personnes, s'obligent à mettre quelque chose en commun, dans la vue de partager le bénéfice qui pourra en résulter (406).

**478.** La loi reconnaît principalement trois espèces de sociétés commerciales :

1° La société *en nom collectif;*

2° La société *en commandite;*

3° La société *anonyme.*

**479.** La société commerciale est réglée par le droit civil, par les lois particulières au commerce, et par les conventions des parties contractantes.

**480.** D'où il suit que pour tout ce qui n'est pas réglé par la loi commerciale, qui est une loi exceptionnelle, il faut recourir au droit commun, c'est-à-dire au droit civil.

## SECTION II.

### *De la société en nom collectif.*

481. La *société en nom collectif* est celle que contractent deux ou un plus grand nombre de personnes, et qui a pour objet de faire le commerce sous une *raison sociale*.

482. Par raison sociale, il faut entendre le nom sous lequel la société contracte ses engagements et sous lequel elle est connue. Exemple : *Pierre et compagnie.*

483. L'un des principaux caractères de cette société , c'est que chacun des associés concourt à l'administration ou est supposé y concourir, de manière que ce que l'un fait est regardé comme étant fait par tous les autres.

484. Un autre caractère essentiel de cette société, c'est que les associés sont solidaires pour tous les engagements de la société, c'est-à-dire qu'ils répondent les uns pour les autres , quand même un seul des associés aurait signé, pourvu qu'il l'ait fait sous la raison sociale.

## SECTION III.

### *De la société en commandite.*

485. D'après la loi, la *société en commandite* est celle qui se contracte entre un ou plusieurs associés responsables et solidaires et un ou plusieurs associés simples bailleurs de fonds, que l'on nomme associés commanditaires.

486. Cette société se distingue de la société en nom collectif par quatre raisons :

1° Parce que l'associé commanditaire ne peut figurer en nom dans la raison sociale;

2° Parce qu'il ne peut prendre part à la gestion de la société;

3° Parce qu'il n'est exposé qu'à perdre sa mise de fonds;

4° Parce que le nom de l'associé peut demeurer inconnu.

SECTION IV.

*De la société anonyme.*

**487.** On nomme *société anonyme* celle qui n'existe pas sous une raison sociale, et qui n'est désignée par le nom d'aucun associé; une pareille société n'est qualifiée que par l'objet de son entreprise; exemple : *la compagnie du chemin de fer de Paris à Strasbourg.*

**488.** Elle est administrée par des gérants révocables, intéressés ou non intéressés dans l'entreprise.

**489.** Les gérants ne sont responsables que suivant l'étendue du mandat qui leur a été confié.

**490.** Les intéressés à une société anonyme, comme les commanditaires, ne sont passibles des pertes que jusqu'à concurrence de la mise de fonds de chacun d'eux.

**491.** Le capital d'une société anonyme est divisé en parts égales plus ou moins nombreuses; chacune de ces parts se nomme *action.*

**492.** Aucune société anonyme ne peut être fondée sans l'autorisation du roi.

## SECTION V.

*Des règles communes aux trois espèces de sociétés.*

493. Les contrats de sociétés *en nom collectif, en commandite* et *anonyme*, doivent toujours être *rédigés par écrit*, et faits en autant d'originaux qu'il y a de parties intéressées.

494. Les contrats de sociétés en nom collectif et en commandite peuvent être faits ou par *actes publics*, ou *sous signatures privées;* ceux des sociétés anonymes ne peuvent être faits que par *actes publics*.

495. Les actes de sociétés en nom collectif, en commandite et anonyme doivent être rendus publics.

496. Pour les sociétés en nom collectif et en commandite, il n'est besoin de publier qu'un extrait du contrat, et pour les sociétés anonymes on doit publier l'acte entier.

Cette publication a lieu par le moyen d'une affiche placée pendant trois mois dans la salle d'audience du tribunal de commerce de l'arrondissement dans lequel se trouve le siége de la société.

497. Il y a lieu à une nouvelle publication dans les cas suivants :

1° Si, après le temps pour lequel la société a été constituée, les associés veulent la continuer ;

2° Si, avant le temps fixé pour la durée de la société, les associés veulent la dissoudre ;

3° Toutes les fois qu'il survient quelque changement, soit par la retraite d'associés, soit par suite de nouvelles conventions, ou par un changement dans la raison sociale.

### Des arbitres.

498. Toutes les contestations entre associés commerçants, et pour raison de la société, sont jugées par des arbitres, et cet arbitrage est forcé.

499. On appelle *arbitres,* en général, des personnes que les parties en contestation choisissent pour juger leur différend, et cela afin d'é iter de porter l'affaire devant les tribunaux ; ce qui est toujours plus dispendieux.

500. Les arbitres sont désignés par les associés en contestation, et, s'il y a refus de choisir de la part de l'un d'eux ou de plusieurs, alors celui ou ceux des arbitres qui ne sont pas choisis par les associés sont nommés d'office par le tribunal de commerce.

### SECTION VI.

### *De certaines formalités relatives au mariage des commerçants.*

501. Tout notaire qui reçoit le contrat de mariage d'un commerçant, quel que soit le régime sous lequel il se marie, doit, sous les peines portées par la loi, transmettre un extrait du contrat au greffe du tribunal de commerce, afin de donner une plus grande publicité aux conventions matrimoniales.

502. Doivent aussi être publiés de la même manière :

1° Tout contrat de mariage d'une personne qui veut devenir commerçante, étant déjà mariée ;

2° Tout jugement prononçant la séparation de biens de deux époux dont l'un est commerçant.

# CHAPITRE III.

Des bourses de commerce. — Des agents de change. — Des
courtiers royaux. — Règles communes aux agents de change
et aux courtiers royaux.

## SECTION I<sup>re</sup>.

### *Des bourses de commerce.*

503. On appelle *bourse de commerce* le lieu où se
réunissent les *commerçants*, les *agents de change*, les
*courtiers royaux* et les *capitaines de navires*.

504. Les bourses sont établies dans les principales
villes de commerce, afin de faciliter les transactions
commerciales.

505. C'est par suite des opérations qui se font à la
bourse qu'est constaté chaque jour le cours des
marchandises, du change, du prix de transport
par terre et par eau, du fret ou nolis, des effets
publics, des actions industrielles, ainsi que des matières d'or et d'argent.

506. Rien n'empêche les personnes non commerçantes d'entrer dans le local de la bourse ; mais l'en-
trée en est interdite aux femmes et aux commerçants
faillis qui ne sont pas réhabilités.

## SECTION II.

### *Des agents de change.*

507. Les *agents de change* sont les intermédiaires
entre des personnes qui veulent faire certaines opérations financières.

508. Les agents de change ont seuls le droit de
constater le cours et de faire les négociations :

1° Des rentes sur l'État, ou effets publics ;

2° Des actions dans les compagnies industrielles;

3° Des lettres de change et billets;

4° Des matières métalliques, c'est-à-dire d'or et d'argent.

509. Il y a des agents de change dans toutes les villes qui possèdent une bourse : ils sont nommés par le roi.

510. Pour pouvoir être nommé agent de change, il faut :

1° Avoir été banquier ou négociant;

2° Ou bien justifier qu'on a travaillé, pendant au moins quatre ans, dans une maison de banque, de commerce, ou chez un notaire.

### SECTION III.

#### *Des courtiers royaux.*

511. Les *courtiers* sont des intermédiaires entre les personnes qui font certains actes de commerce, ou qui font des opérations accessoires aux opérations commerciales.

512. Les courtiers sont, comme les agents de change, nommés par le roi, dans les mêmes villes, et doivent, pour être nommés, réunir les mêmes conditions.

513. On compte quatre espèces de courtiers :

1° Les courtiers de marchandises;

2° Les courtiers d'assurances;

3° Les courtiers interprètes et conducteurs de navires;

4° Les courtiers pour le transport par terre et par eau.

514. Les *courtiers de marchandises* sont les intermédiaires entre ceux qui veulent vendre et ceux qui

veulent acheter des marchandises ; ils ont seuls le droit d'en constater le cours.

Ils font, concurremment avec les agents de change, le courtage des matières métalliques.

515. Les *courtiers d'assurances* sont les intermédiaires entre ceux qui assurent et ceux qui veulent être assurés.

Ils peuvent dresser, concurremment avec les notaires, les contrats ou polices d'assurances.

516. Les *courtiers interprètes et conducteurs de navires* font seuls, comme conducteurs de navires, le courtage des affrétements, c'est-à-dire du louage des navires ; ils en constatent le cours.

Comme interprètes, ils ont seuls le droit de traduire les contrats ou actes de commerce écrits en langues étrangères, et de servir d'interprète aux commerçants et gens de mer étrangers près de l'administration des douanes et autres.

517. Les *courtiers pour le transport par terre et par eau* ont seuls le droit d'être les intermédiaires entre les commerçants qui veulent faire transporter des marchandises, et les commissionnaires ou voituriers qui veulent se charger du transport.

## SECTION IV.

*Règles communes aux agents de change et aux courtiers royaux.*

518. La loi défend expressément aux agents de change et aux courtiers de faire des opérations commerciales pour leur compte, soit directement, soit indirectement.

Elle leur défend de se rendre garants de l'exécu-

tion des marchés pour lesquels ils ont servi d'intermédiaires.

Ils perçoivent un droit de courtage pour les opérations qu'ils ont fait faire.

519. Si un agent de change ou un courtier vient
à tomber en faillite, il est toujours considéré comme
*banqueroutier*.

520. Une même personne, si elle y est autorisée,
peut cumuler les fonctions d'agent de change, de courtier de marchandises ou d'assurances, de courtier
interprète et conducteur de navires ; mais les courtiers pour le transport par terre et par eau ne peuvent obtenir cette autorisation.

521. Ceux qui ont fait faillite ne peuvent être ni
agents de change, ni courtiers, s'ils n'ont été réhabilités.

522. Les agents de change et courtiers sont
obligés de tenir un livre journal et d'y inscrire, jour
par jour, toutes les conditions des opérations qui
ont été faites par leur intermédiaire.

523. Les infractions aux obligations imposées aux
agents de change et aux courtiers peuvent entraîner
la peine de la destitution, la condamnation à
une amende, et même, dans certains cas, à des
dommages-intérêts.

524. Le courtier ou l'agent de change qui a été
destitué ne peut jamais être réintégré dans ses
fonctions.

# CHAPITRE IV.

Des commissionnaires en marchandises. — Des commissionnaires pour le transport des marchandises. — Des voituriers
par terre et par eau. — De la lettre de voiture.

### SECTION I<sup>re</sup>.

## Des commissionnaires en marchandises.

525. La loi définit le *commissionnaire en marchandises*, celui qui agit en son propre nom, ou sous un
nom social, pour le compte d'un commettant.

Il peut donc vendre les marchandises qui lui sont confiées en son nom et comme si elles lui appartenaient.

526. On nomme *commettant* celui qui charge le
commissionnaire de vendre les marchandises qu'il
lui a expédiées.

527. Les devoirs et les droits du commissionnaire
par rapport à son commettant sont les mêmes que
ceux du mandataire (426).

528. Une des différences qui existent entre le
commissionnaire et le mandataire ordinaire, c'est
que le premier agit en son propre nom, tandis que
le second n'agit qu'au nom du mandant.

529. La responsabilité du commissionnaire, quant
à ce qui peut être dû pour les marchandises vendues,
varie suivant les circonstances.

Il ne répond pas des débiteurs, s'il ne reçoit
qu'une rétribution ordinaire.

Il est responsable, s'il reçoit une rétribution plus
considérable, qui est habituellement double de la
rétribution ordinaire.

530. Le commissionnaire qui a vendu des marchandises pour le compte d'un commettant peut se

rembourser, sur le produit de la vente, de ses avances, intérêts et frais, de préférence aux autres créanciers du commettant.

531. Il est également préféré aux autres créanciers du commettant, si les marchandises sont à sa disposition, soit dans ses magasins, soit dans un dépôt public, ou si, les marchandises n'étant pas encore arrivées à leur destination, il peut prouver qu'elles lui ont été expédiées.

532. Si le commettant habite le même lieu que le commissionnaire, celui-ci ne peut conserver son privilége qu'autant qu'il s'est conformé aux régles qui régissent le *gage* ou le *nantissement* (440).

## SECTION II.

*Des commissionnaires pour le transport des marchandises.*

533. Les *commissionnaires pour le transport des marchandises* sont ceux qui se chargent de faire transporter d'un lieu dans un autre les marchandises qu'on leur confie.

On les nomme ordinairement commissionnaires de roulage.

Ils sont garants :

1° De l'arrivée des marchandises dans le lieu convenu ;

2° Des avaries ou de la perte des marchandises ;

3° Des faits des commissionnaires qu'ils ont choisis pour intermédiaires.

Cependant cette garantie n'a pas lieu :

1° Dans les cas de force majeure ;

2° Quand les objets sont avariés ou périssent par un vice de la chose ;

3° Par convention entre les parties.

534. Les commissionnaires sont obligés de tenir un livre journal sur lequel ils doivent inscrire la déclaration de la nature. et de la quantité des marchandises.

Ce livre-doit être tenu dans la même forme que le livre journal du commerçant (472).

## SECTION III.

### Des voituriers par-terre et par eau.

535. Les *voituriers*, les *maîtres de bateaux* et les *entrepreneurs de voitures publiques* sont garants des objets qu'ils sont chargés de transporter du moment qu'ils leur ont été confiés, quand même ces objets ne seraient point encore placés sur leurs voitures ni dans leurs bateaux.

536. Ils ne sont pas garants dans les cas où la garantie n'a pas lieu pour les commissionnaires (533).

537. Ils ne sont pas responsables du retard apporté à l'arrivée des objets, lorsque ce retard est causé par une force majeure.

538. Il faut remarquer que la réception des objets et le payement du prix de transport éteignent toute action contre le voiturier (605).

539. Si, à leur arrivée, les objets transportés sont refusés, ou s'il y a contestation pour leur réception, leur état est vérifié et constaté par des experts nommés par le président du tribunal de commerce, ou, à son défaut, par le juge de paix.

## SECTION IV.

### De la lettre de voiture.

540. La *lettre de voiture* est la preuve du contrat .

qui existe entre l'*expéditeur* et le *voiturier*, ou entre l'*expéditeur*, le *commissionnaire* et le *voiturier*.

541. La lettre de voiture doit être datée ; elle exprime :

1° La nature et le poids ou la contenance des objets à transporter ;

2° Le délai dans lequel le transport devra s'effectuer.

Elle indique :

1° Le nom et le domicile du commissionnaire par l'entremise duquel le transport s'opère, s'il y a lieu ;

2° Le nom du destinataire, c'est-à-dire de celui à qui la marchandise est adressée ;

3° Le nom et le domicile du voiturier.

Elle énonce :

1° Le prix du transport ;

2° L'indemnité pour cause du retard.

Elle est signée par l'expéditeur ou le commissionnaire.

Elle doit présenter en marge les marques ou numéros des objets à transporter.

542. La lettre de voiture doit être copiée par le commissionnaire sur un registre coté, paraphé et visé (472).

# CHAPITRE V.

**Des achats et des ventes. — Des moyens de constater les achats et les ventes.**

## SECTION I".

### *Des achats et des ventes.*

543. Les règles qui concernent le contrat de vente se trouvent dans le code civil ; la loi commerciale ne

mentionne que les moyens de prouver la vente et l'achat en matière commerciale (376-386).

Ces moyens de preuves sont plus nombreux que pour la vente en matière civile. La célérité indispensable aux transactions commerciales·exigeait cette faveur.

## SECTION II.

*Des moyens de constater les achats et les ventes.*

544. Les achats et les ventes se constatent par une ou plusieurs des manières suivantes :

1° Par actes devant notaire ;

2° Par actes sous signature privée ;

3° Par un bordereau ou arrêté d'un agent de change ou d'un courtier, signé par les parties contractantes ;

4° Par une facture acceptée ;

5° Par la correspondance ;

6° Par les livres tenus par les parties ;

7° Enfin, par témoins, dans tous les cas où le tribunal juge devoir admettre cette preuve.

# CHAPITRE VI.

De la lettre de change.—Du billet à ordre.—De la prescription des lettres de change et des billets à ordre.

## SECTION I<sup>re</sup>.

*De la lettre de change.*

545. On définit la *lettre de change,* une convention par laquelle une personne qui a reçu une valeur quelconque dans une place s'oblige à faire payer à la personne qui lui a remis cette valeur, ou à son ordre, une somme équivalente dans une autre place.

Comme on le voit, la lettre de change a pour but d'éviter le transport, souvent embarrassant, d'une somme d'argent d'un lieu dans un autre.

546. On ne connaît pas positivement l'origine de la lettre de change; mais, quelle qu'elle soit, il est certain qu'elle prête un puissant secours aux opérations commerciales.

### De la forme de la lettre de change.

547. La lettre de change est tirée d'une place de commerce sur une autre place; c'est là son principal caractère.

Elle est datée.

Elle énonce :

La somme à payer ;

Le nom de celui qui doit payer ;

L'époque du payement;

Le lieu où le payement doit s'effectuer ;

La valeur fournie en espèces, en marchandises, en compte, ou de toute autre manière.

Elle est à l'ordre d'un tiers, ou à l'ordre du tireur lui-même.

Elle indique si elle est par 1ʳᵉ, 2ᵉ, 3ᵉ, etc.

548. Le *tireur* est celui qui fait la lettre de change.

Le *preneur* est celui en faveur de qui elle est faite.

Le *tiré* est celui qui doit la payer.

Quand le tiré a accepté la lettre de change, il devient *accepteur*.

Si le preneur transmet sa lettre de change à un autre, il devient *endosseur;*

Et celui à qui elle est ainsi transmise devient *porteur*.

Le porteur conserve ce titre jusqu'à ce que, transmettant la lettre de change à une nouvelle personne, il devienne à son tour *endosseur;* et ainsi de suite jusqu'à l'échéance.

549. Il y a des circonstances assez nombreuses à considérer dans la négociation d'une lettre de change; on va les examiner successivement, après en avoir fait la nomenclature :

1° La provision ;

2° L'acceptation ;

3° L'acceptation par intervention ;

4° L'échéance ;

5° L'endossement ;

6° La solidarité ;

7° L'aval ;

8° Le payement ;

9° Le payement par intervention ;

10° Les droits et devoirs du porteur ;

11° Le protêt ;

12° Le rechange.

### De la provision.

550. Quand on a tiré une lettre de change sur une personne, il faut qu'à l'échéance cette personne soit redevable envers le tireur, ou envers celui pour le compte de qui la lettre de change est tirée, ou bien il faut qu'elle ait des fonds suffisants appartenant à l'un ou à l'autre : c'est l'existence de cette dette, ou de ces fonds, que l'on nomme *provision.*

551. L'acceptation d'une lettre de change fait supposer qu'il y a provision chez le tiré.

### De l'acceptation.

**552.** L'*acceptation* d'une lettre de change est l'acte par lequel le tiré s'oblige à en payer le montant.

**553.** L'acceptation est exprimée par le mot *accepté* : elle doit être signée et datée, si la lettre de change est à un ou plusieurs jours ou mois de vue.

**554.** L'acceptation ne peut être conditionnelle; mais elle peut être restreinte à une somme moindre que celle indiquée dans la lettre de change.

**555.** Une lettre de change doit être acceptée à sa présentation ou dans les vingt-quatre heures qui suivent.

**556.** Le refus d'acceptation peut être constaté par un acte que l'on nomme *protêt faute d'acceptation*.

**557.** Le tireur et les endosseurs d'une lettre de change sont garants solidaires de l'acceptation ou du payement à l'échéance (571).

### De l'acceptation par intervention.

**558.** L'*acceptation par intervention* est l'acte par lequel une personne étrangère à la lettre de change accepte pour le compte du tireur, ou pour le compte de l'un des endosseurs.

**559.** L'acceptation par intervention ne peut avoir lieu que lors du protêt faute d'acceptation; elle doit être mentionnée dans l'acte de protêt et signée par l'intervenant.

**560.** L'intervenant doit notifier sans délai son intervention à celui pour lequel il est intervenu; sinon, il peut être tenu à des dommages-intérêts envers le tireur.

561. L'acceptation par intervention n'enlève aucun droit au porteur de la lettre de change sur le tireur et les endosseurs.

### De l'échéance.

562. On nomme *échéance* le jour où une lettre de change doit être payée.

563. Une lettre de change peut être payable *à vue;* elle doit, dans ce cas, être acquittée le jour de sa présentation.

564. Si elle est à un ou plusieurs jours  
A un ou plusieurs mois } de vue,  
A une ou plusieurs usances )  

on compte à dater de l'acceptation, ou par la date du protêt faute d'acceptation.

565. Si elle est à un ou plusieurs jours)  
A un ou plusieurs mois } de date,  
A une ou plusieurs usances )  

on compte à partir du jour où elle est tirée.

566. Une lettre de change peut encore être tirée pour être payée *à jour fixe*, c'est-à-dire *à tel jour de tel mois;*

Ou *à un jour déterminé,* c'est-à-dire *le jour de telle fête,* ou avec telle autre indication.

Elle peut aussi être tirée pour être payée *en telle foire.*

567. On nomme *usance* un laps de temps de trente jours : cette expression paraît venir du mot *usage.*

### De l'endossement.

568. L'*endossement* est un acte par lequel le propriétaire d'une lettre de change en transmet la propriété à une autre personne.

569. Cet acte se nomme endossement, parce qu'il est d'usage de l'écrire au dos de la lettre de change.

570. Afin que l'endossement puisse valablement opérer le transport de la propriété de la lettre de change, il doit désigner le nom de celui à l'ordre de qui la lettre est passée ;

Exprimer la valeur fournie ;

Etre daté et signé par celui qui veut transmettre la propriété.

### De la solidarité.

571. Il résulte de la *solidarité* que toutes les personnes qui ont signé, endossé ou accepté une lettre de change, répondent du payement envers le porteur (359).

### De l'aval.

572. L'*aval* est la garantie de payement d'une lettre de change, que donne une personne qui, jusqu'alors, était restée étrangère à la lettre de change.

573. L'aval peut être donné sur la lettre de change même, ou par un acte séparé.

574. Le donneur d'aval est obligé solidairement et de la même manière que le tireur et les endosseurs, à moins qu'il n'y ait des conventions contraires.

### Du payement.

575. Le *payement* est l'acte par lequel on se libère du montant d'une lettre de change ; il doit s'effectuer avec la monnaie indiquée dans la lettre.

576. Celui qui paye une lettre de change avant son échéance est responsable de la validité du paye-

ment, et le porteur d'une lettre de change ne peut être forcé d'en recevoir le montant avant l'échéance.

577. Il n'est admis d'opposition au payement d'une lettre de change qu'en cas de perte de la lettre ou de la faillite du porteur.

578. Quand une lettre de change vient à être perdue, et qu'elle n'est point acceptée, celui qui en est propriétaire peut en poursuivre le payement par une seconde lettre de change, une troisième, etc.

579. Afin que ce payement soit valable, il faut que la seconde, la troisième, etc., enfin celle sur laquelle on paye, porte que le payement annulle l'effet des autres lettres de change.

580. Et pour se libérer à l'égard du tiers porteur d'une lettre de change déjà acceptée, celui qui paye sur une seconde, troisième, etc., n'opère sa libération qu'en retirant l'exemplaire qui porte son acceptation.

581. Les payements faits à compte sur le montant d'une lettre de change libèrent d'autant et le tireur et les endosseurs; mais le porteur est obligé de faire protester la lettre pour le surplus.

582. Les juges ne peuvent accorder aucun délai pour le payement d'une lettre de change.

### Du payement par intervention.

583. Le *payement d'une lettre de change par intervention* peut avoir lieu comme pour l'acceptation, c'est-à-dire après le protêt.

L'intervention et le payement doivent être constatés dans l'acte du protêt ou à la suite de cet acte.

584. L'intervenant est subrogé aux droits du

*6

porteur, c'est-à-dire qu'il prend sa place, et il est obligé de remplir les mêmes formalités.

585. On nomme *intervenant* celui qui, sans être intéressé dans la négociation d'une lettre de change, se présente pour prendre la place d'un des intéressés, autre cependant que le tiré.

586. Quand le payement fait par intervention est pour le compte du tireur, tous les endosseurs sont libérés.

Quand il est fait pour le compte de l'un des endosseurs, tous les endosseurs qui suivent celui-ci sont libérés.

### Des droits et devoirs du porteur.

587. Le *porteur* d'une lettre de change doit en exiger le payement ou l'acceptation dans les délais fixés par la loi.

Ces délais varient suivant les points du globe qu'habite le tiré, et ils sont doubles en cas de guerre maritime.

588. Si le porteur laisse passer le délai fixé par la loi sans exiger le payement ou l'acceptation, il perd son recours sur les endosseurs, et même sur le tireur, dans le cas où celui-ci aurait fait provision (550).

589. Le porteur d'une lettre de change doit en exiger le payement le jour de l'échéance, et, s'il y a refus de payer, ce refus doit être constaté par un acte que l'on nomme *protêt faute de payement*.

590. Le porteur d'une lettre de change protestée faute de payement peut exercer son action en garantie :

Ou individuellement contre le tireur ou chacun des endosseurs,

Ou collectivement contre les endosseurs et le tireur.

La même faculté est accordée pour chacun des endosseurs à l'égard du tireur et des endosseurs qui le précèdent.

591. On doit exercer le recours ou l'action en garantie de la manière et dans les délais indiqués par la loi, sous peine de déchéance.

### Du protêt.

592. On nomme *protêt*, l'acte qui constate la non-acceptation ou le non-payement d'une lettre de change.

593. L'acte de protêt doit être fait avec les formalités voulues, sous peine de nullité.

594. Le protêt peut être fait par un huissier assisté de deux témoins;

Ou par un notaire et deux témoins;

Ou par deux notaires.

595. L'acte de protêt doit être fait au domicile de celui sur qui la lettre de change était payable, ou à son dernier domicile connu, et, s'il y a lieu, au domicile de la personne indiquée pour payer au besoin, et au domicile de celle qui aurait accepté par intervention.

596. Nul acte de la part du porteur d'une lettre de change ne peut tenir lieu de protêt.

### Du rechange.

597. Le *rechange* est une opération qui, après le protêt, constitue un nouveau *contrat de change;* il s'effectue par une retraite.

598. La *retraite* est une nouvelle lettre de

change au moyen de laquelle le porteur se rembourse sur le tireur ou sur l'un des endosseurs du principal de la lettre protestée, de ses frais et du nouveau change qu'il paye.

599. La retraite est accompagnée d'un compte de retour, et il ne peut être fait plusieurs comptes de retour sur une même lettre de change.

Le compte de retour est remboursé d'endosseurs en endosseurs, et enfin, par le tireur.

600. On nomme *compte de retour* un état qui comprend :

1° Le principal de la lettre de change ;

2° Les intérêts ;

3° Le prix du rechange suivant le cours du jour et du lieu ;

4° Les frais de protêt et de dénonciation.

SECTION II.

*Du billet à ordre.*

601. Le *billet à ordre* est un écrit par lequel une personne s'oblige à payer à une autre personne ou à son ordre, et à une époque fixe, une somme quelconque.

602. Toutes les dispositions relatives aux lettres de change sont applicables aux billets à ordre, excepté cependant en ce qui concerne la *provision, l'acceptation* et *l'acceptation par intervention.*

603. Voici la forme du billet à ordre :

Il est daté et signé ;

Il énonce la somme à payer ;

Le nom de celui à l'ordre de qui il est souscrit ;

L'époque du payement ;

La valeur qui a été fournie en espèces, en marchandises, en compte, ou de toute autre manière.

## SECTION III.

*De la prescription des lettres de change et des billets à ordre.*

604. Toutes les actions relatives aux lettres de change ou aux billets à ordre souscrits par des commerçants, ou pour faits de commerce, se prescrivent par cinq ans (450).

605. On appelle *action* le droit que l'on a de poursuivre quelqu'un devant les tribunaux, quand on croit avoir quelque chose à réclamer de lui.

# LIVRE DEUXIÈME.

## DU COMMERCE MARITIME.

### CHAPITRE PREMIER.

**Des navires et autres bâtiments de mer. — De la saisie et de la vente des navires. — Des propriétaires de navires.**

#### SECTION I<sup>re</sup>.

*Des navires et autres bâtiments de mer.*

606. Par navires et autres bâtiments de mer, il faut entendre non-seulement les gros vaisseaux marchands, mais encore les barques de toute grandeur qui servent à la mer, les chaloupes, les canots, etc.

La capacité ou la contenance d'un navire s'apprécie par le nombre de tonneaux qu'il peut renfermer : on dit un navire de 50 tonneaux, de 300 tonneaux, de 400 tonneaux.

Le tonneau représente un espace d'environ treize mètres cubes ou un poids de mille kilogrammes.

Le corps du navire se nomme la coque du navire.

Les mâts sont ce qui supporte les vergues, les voiles et les cordages.

Par agrès et apparaux on doit entendre les vergues, les voiles, les cordages et autres accessoires.

607. Les navires et autres bâtiments de mer sont rangés dans la classe des biens meubles (224); ils

sont affectés aux dettes de toute espèce du propriétaire du navire (439), mais plus particulièrement aux dettes que la loi déclare privilégiées (444).

Sont privilégiées et doivent être payées dans l'ordre indiqué par la loi commerciale, en cas de vente d'un navire, les dettes qui ont été contractées à l'occasion du navire, soit pour parvenir à la vente du navire par suite de saisie, soit pour sa construction, son radoub ou sa réparation, son équipement et armement, etc.

608. La vente volontaire d'un navire doit être faite par écrit.

## SECTION II.

### De la saisie et de la vente des navires.

609. Tout bâtiment de mer peut être saisi et vendu par autorité de justice, sur la poursuite d'un ou de plusieurs créanciers du propriétaire du navire.

610. Un navire qui est prêt à faire voile n'est pas saisissable, à moins que ce ne soit pour des dettes contractées pour le voyage qu'il va entreprendre, et encore, dans ce cas, on peut empêcher la saisie en fournissant un cautionnement (431).

611. Si à la suite d'une saisie le navire est vendu par autorité de justice, cette vente fait cesser les fonctions du capitaine, mais il peut demander à être indemnisé.

612. L'acquéreur d'un navire est obligé d'en payer le prix vingt-quatre heures après la vente, ou de consigner ce prix au greffe du tribunal de commerce, sous peine d'y être contraint par corps (436).

A défaut de payement ou de consignation, le navire est remis en vente.

SECTION III.

*Des propriétaires de navires.*

613. Le *propriétaire* d'un navire, qu'on nomme aussi *armateur*, est responsable des faits du capitaine qu'il a choisi pour commander son navire, ainsi que des faits des gens de l'équipage, soit que le navire navigue pour le commerce, soit qu'il ait été armé en guerre pour la course.

614. Quand la France est en guerre avec une autre puissance maritime, le propriétaire d'un navire peut obtenir du gouvernement l'autorisation d'armer son bâtiment en guerre pour courir sur les bâtiments ennemis : l'acte d'autorisation s'appelle *lettre de marque*.

Les prises faites par un navire armé en guerre doivent être amenées dans un port français, où elles sont vendues si elles ont été jugées valables, et le résultat de la vente est partagé, en présence du tribunal de commerce et d'un agent de la marine, entre l'armateur du navire et les hommes de l'équipage, suivant le grade et les services de chacun d'eux.

615. Le propriétaire du navire peut congédier le capitaine, mais celui-ci peut obtenir une indemnité s'il a été congédié sans raisons valables.

# CHAPITRE II.

### Du capitaine. — De l'engagement et du loyer des matelots et gens de l'équipage.

#### SECTION I<sup>re</sup>.

#### *Du capitaine.*

616. En matière de navigation on distingue trois espèces de voyages :

1° Les voyages de long cours ;

2° Le grand cabotage ;

3° Le petit cabotage.

Les *voyages de long cours* sont ceux qui se font des côtes de la France aux Indes orientales et occidentales, aux îles de l'Océanie, à Terre-Neuve, au Groënland, aux Açores, aux Canaries, à Madère et vers toutes les côtes situées sur l'Océan et au delà des détroits de Gibraltar et du Sund.

Le *grand cabotage* comprend les navigations éloignées, mais qui ne sont pas classées dans les voyages de long cours.

Le *petit cabotage* se dit de la navigation d'un port à un autre ; par exemple, de Bayonne à Bordeaux, de Cette à Marseille.

Le mot *cabotage* paraît venir, par suite d'une corruption de prononciation, de *capotage*, aller d'un cap à un autre.

617. On nomme *capitaine* celui qui a le droit de commander un navire destiné à faire un voyage de long cours.

Pour devenir capitaine, il faut réunir certaines conditions et avoir passé un examen de capacité.

Le *maître* ou *patron* est celui qui commande une embarcation destinée à faire le cabotage.

618. Le capitaine, le maître ou patron qui est choisi pour conduire un navire ou autre bâtiment de mer est responsable de ses fautes.

Il est responsable des marchandises qui lui ont été confiées (535).

Cette dernière responsabilité n'a pas lieu quand il y a preuve de force majeure.

Il doit fournir une reconnaissance des marchandises et objets qui lui ont été confiés : cette reconnaissance se nomme *connaissement* (645).

619. Le capitaine a le droit de composer l'équipage du navire qu'il est appelé à commander ; puisque le capitaine est responsable du navire et des marchandises qu'il porte, il est juste qu'il puisse choisir les hommes qui doivent le seconder.

Cependant, si le capitaine fait ce choix dans le lieu de la demeure du propriétaire du navire, il doit à cet égard s'entendre avec ce dernier : car le propriétaire aussi est intéressé à la conservation du navire et des marchandises.

620. Les devoirs d'un capitaine de navire sont très-nombreux : on ne parlera que de ceux qui sont les plus importants.

621. Avant de faire charger le navire qu'il est appelé à commander et conduire, le capitaine doit le faire visiter pour en constater l'état : procès-verbal de cette visite est dressé et déposé au greffe du tribunal de commerce. Un extrait de ce procès-verbal est délivré au capitaine.

622. Le capitaine doit tenir un registre coté et

paraphé par un juge du tribunal de commerce, et s'il n'y en a pas, par le maire ou son adjoint.

Ce registre est destiné à écrire toutes les résolutions prises pendant le voyage et qui concernent le navire et son chargement, ainsi que toutes les recettes et les dépenses qui sont faites.

623. Le capitaine doit avoir à son bord, c'est-à-dire dans le navire qu'il commande :

1° L'acte de propriété du navire, afin qu'on en connaisse le propriétaire ;

2° L'acte de francisation, c'est-à-dire l'acte qui constate que le navire est français ;

3° Les connaissements et chartes-parties ;

4° Les procès-verbaux de visite ;

5° Les acquits de payement, ou les acquits-à-caution des douanes.

Toutes ces pièces sont indispensables, car il peut être dans la nécessité d'en justifier pendant le cours de son voyage.

624. Le capitaine est obligé d'être en personne sur son navire dans les circonstances suivantes :

1° Quand il s'agit d'entrer dans un fleuve, un port, un havre, ou d'en sortir ;

2° Quand il s'agit de conduire le navire en rade, pour lui donner un bon mouillage et le mettre en sûreté.

625. Si le capitaine ne se conforme pas aux obligations qui lui sont imposées, il est responsable de tous les événements envers les intéressés au navire et au chargement.

626. Quand un navire a besoin de radoub, de cordages, de voiles et autres choses accessoires, ou bien s'il est nécessaire d'emprunter de l'argent, il

faut distinguer si le navire est dans le lieu de la demeure du propriétaire, ou si ce dernier a dans ce lieu un fondé de pouvoir (426), ou si c'est en cours de voyage.

Dans le premier cas, le capitaine ne peut rien faire sans le consentement du propriétaire ou de son fondé de pouvoir.

Dans le second cas, il peut faire toutes les réparations et emprunts nécessaires, mais en s'y faisant autoriser :

En France, par le tribunal de commerce du lieu où il se trouve, et s'il n'y en a pas, par le juge de paix ;

En pays étranger, par le consul français, et s'il n'y a pas de consul, par le magistrat du lieu.

Une pareille autorisation ne peut être demandée que quand la nécessité en a été constatée par un procès-verbal signé des principaux de l'équipage.

627. Le capitaine ne peut vendre le navire qu'il commande, sans un pouvoir spécial du propriétaire, à moins qu'il ne soit légalement constaté que le navire est hors d'état de naviguer.

628. Quel que soit le danger que court un navire, le capitaine ne peut l'abandonner sans l'avis des principaux de l'équipage, et encore, dans ce cas, il doit chercher à sauver l'argent et les marchandises les plus précieuses.

629. Dans les vingt-quatre heures de son arrivée, le capitaine doit faire un rapport de toutes les circonstances remarquables de son voyage, et le déposer au greffe du tribunal de commerce, et, s'il n'y a pas de tribunal, à la justice de paix.

## SECTION II.

*De l'engagement et du loyer des matelots et gens
de l'équipage.*

630. Les conditions de l'engagement du capitaine
et des gens de l'équipage sont constatées ou par le
rôle d'équipage, ou par les conventions des parties
contractantes (401).

On nomme *rôle d'équipage* un registre qui contient les noms, prénoms et demeure du capitaine,
des officiers, des matelots, novices, mousses, et des
passagers, avec leur signalement, ainsi que la quotité des traitements des officiers et des gages des gens
de l'équipage.

631. Les matelots peuvent se louer de deux principales manières :

1° Au mois ;

2° Au voyage.

Par l'engagement *au mois*, il ne faut pas entendre que le matelot ne se loue que pour un mois,
ou pour un certain nombre de mois, mais pour
toute la durée du voyage, à tant par chaque mois.

Par l'engagement *au voyage,* il faut entendre que
le matelot se loue pour une somme fixe, quelle que
soit la durée du voyage.

Le *matelot* est un homme de mer qui a acquis une
expérience convenable à la manœuvre d'un navire.

Le *novice* est un jeune homme qui, aspirant à un
grade dans la marine marchande, et voulant prendre
l'habitude de la mer, s'engage pour un voyage sur
un navire.

Le *mousse* est une sorte d'apprenti matelot; il est
comme domestique du navire.

Après l'âge de dix-huit ans, il ne peut plus être retenu par les capitaines ou patrons comme mousse.

632. Le voyage d'un navire peut être rompu ou suspendu par diverses causes; on ne parlera que des causes qui rompent le voyage, et on fera connaître les principales conséquences qui résultent de cette rupture, par rapport au loyer des matelots.

Le voyage peut être rompu :

1° Par la volonté du propriétaire du navire, du capitaine ou de l'affréteur (640);

2° Par force majeure : une déclaration de guerre, une épidémie, la prise du navire ou son naufrage.

633. Le voyage peut être rompu :

Ou avant le départ du navire,

Ou le navire étant en route.

634. Si le voyage projeté est rompu *avant le départ* du navire par la volonté du propriétaire, du capitaine ou de l'affréteur,

Les matelots loués au voyage ou au mois sont payés des journées qu'ils ont employées à l'équipement du navire, et ils retiennent comme indemnité les avances qu'ils ont reçues.

S'il ne leur a été rien avancé, ils reçoivent comme indemnité un mois des gages convenus.

Si le voyage est rompu par force majeure, il n'est dû aux matelots que les journées qu'ils ont employées à l'équipement du navire ; car cette rupture ne provient point du fait du propriétaire, du capitaine ou de l'affréteur.

635. Si le voyage est rompu, *le navire étant en route,* par la volonté du propriétaire, du capitaine ou de l'affréteur,

Les matelots loués au voyage reçoivent en entier

la somme convenue ; ceux qui se sont loués au mois reçoivent les mois pendant lesquels ils ont servi, et pour indemnité la moitié de leurs gages pour la durée présumée du voyage pour lequel ils s'étaient engagés.

Si le voyage est rompu par force majeure , les matelots sont payés en proportion du temps qu'ils ont servi, sans distinction entre ceux qui se sont loués au mois ou au voyage.

Si cependant le voyage est interrompu par la prise du navire, ou par la perte totale du navire et des marchandises par suite de naufrage, les matelots , quel que soit leur engagement, ne reçoivent aucun loyer ; ils prennent part au malheur commun, mais ils ne restituent pas les avances qui ont pu leur être faites.

636. Le matelot qui tombe malade pendant le voyage, ou qui est blessé pour le service du navire, est soigné aux dépens du navire, et n'en est pas moins payé de ses gages.

637. Le matelot qui est congédié sans causes valables a droit à une indemnité contre le capitaine ; mais celui-ci ne peut le congédier en pays étranger, à moins que le matelot n'ait quitté le navire sans permission.

638. Les dispositions qui concernent les matelots, pour les loyers et les maladies, sont applicables au capitaine , aux officiers et autres gens de l'équipage.

# CHAPITRE III.

De la charte-partie, de l'affrétement ou nolissement. — Du connaissement. — Du fret ou nolis.

## SECTION Iʳᵉ.

*De la charte-partie, de l'affrétement ou nolissement.*

639. On nomme *charte-partie*, *affrétement* ou *nolissement*, le contrat qui est fait pour le louage d'un navire (390).

On donnait autrefois le nom de charte-partie à toute espèce de contrat fait par écrit.

Quand le contrat était écrit, on coupait le papier ou le parchemin en deux parties du haut en bas, et chacun des contractants en gardait la moitié.

Si on voulait vérifier le contrat, on rapprochait les deux moitiés, et si elles se trouvaient en parfait rapport, cela attestait que c'était le véritable original sur lequel les parties avaient contracté; par ce moyen, on prévenait la ruse des faussaires.

Mais aujourd'hui la dénomination de charte-partie n'est donnée qu'au contrat de louage d'un navire.

640. Le mot *affrétement* vient d'*affréter*, donner *à fret* ou *à loyer*.

Le *fréteur* est celui qui donne le navire à *loyer*; il correspond au terme de locateur en matière civile.

L'*affréteur* est celui qui prend le navire à loyer; il correspond au terme de locataire.

Les mots *affrétement* et *nolissement* signifient la même chose; le premier est en usage dans les ports de l'Océan, et le second, dans ceux de la Méditerranée.

641. On ne fait ordinairement de charte-partie que pour les affrétements assez considérables.

Pour le louage des petits navires qui font le cabotage, on se contente d'un marché verbal ; seulement on remet au patron une lettre de voiture, analogue à celle que l'on donne à un voiturier pour le transport par terre (541).

642. Le contrat fait pour le louage d'un navire, quelle que soit la dénomination qu'on donne à ce contrat, doit être rédigé par écrit.

Il doit énoncer :

1° Le nom et le tonnage du navire (606) ;

2° Le nom du capitaine ;

3° Le nom du fréteur et celui de l'affréteur ;

4° Le lieu et le temps convenu pour la charge et la décharge du navire ;

5° Le prix du fret ou nolis ;

6° Si l'affrétement est total ou partiel ;

7° L'indemnité due pour cause de retard.

643. Mais, le contrat une fois passé, plusieurs circonstances peuvent se présenter :

Il peut arriver que le navire, étant chargé et prêt à partir, ne puisse effectuer son voyage par une force majeure : par exemple, par suite de la guerre avec le pays de destination.

Dans ce cas, le contrat est résolu, et l'affréteur est tenu des frais de la décharge du navire, ainsi que des frais de la charge, et il n'y a lieu de la part d'aucun des contractants à réclamer d'indemnité.

Il n'y a pas lieu non plus à indemnité, ni à augmentation du fret, et le contrat subsiste toujours, si, par force majeure, le départ du navire n'est que retardé, ou si, le navire étant en route, le voyage n'est que suspendu ; ce sont là des inconvénients dont chacun des contractants doit supporter sa part.

644. Le navire, les agrès et apparaux, sont le gage de l'affréteur pour l'exécution des conventions, comme les marchandises sont le gage du fréteur pour le payement du fret, c'est-à-dire du prix de transport de ces marchandises.

## SECTION II.

### *Du connaissement.*

645. On appelle *connaissement* l'acte qui contient la reconnaissance faite par le capitaine des marchandises qui lui sont confiées.

646. Le connaissement doit être fait en quatre originaux au moins :

1° Un pour le chargeur ;

2° Un pour le destinataire, c'est-à-dire pour celui à qui les marchandises sont adressées ;

3° Un pour le capitaine ;

4° Un pour l'armateur ou propriétaire du navire.

Les quatre originaux doivent être signés par le chargeur et par le capitaine.

647. Le connaissement qui est fait dans la forme prescrite (649) fait foi entre toutes les parties intéressées au chargement, ainsi qu'entre elles et les assureurs, s'il y en a.

648. Le capitaine peut demander au destinataire qui aura reçu les marchandises mentionnées dans les chartes-parties ou les connaissements un reçu des marchandises ; s'il y a refus, le destinataire est responsable de tous dépens, dommages-intérêts, même de ceux du retardement,

### De la forme du connaissement.

649. Le connaissement doit indiquer :

1° La nature, la quantité, l'espèce ou la qualité des objets à transporter ;

2° Le nom du chargeur ou affréteur;

3° Le nom et l'adresse du destinataire ;

4° Le nom et le domicile du capitaine ;

5° Le nom et le tonnage du navire ;

6° Le prix du fret ou loyer.

Le connaissement doit, de plus, présenter en marge les marques et numéros des objets à transporter.

Le connaissement peut être fait à ordre ou au porteur, ou à personne dénommée.

Lorsqu'il est fait à ordre, le porteur peut en transmettre la propriété à une autre personne, et par ce moyen il transporte la propriété des marchandises ou autres objets désignés dans le connaissement.

### SECTION III.

#### Du fret ou nolis.

650. Le *fret* ou *nolis*, dont il s'agit ici, ne doit pas être confondu avec l'*affrétement* ou *nolissement*, dont il a été parlé précédemment (639).

L'affrétement ou nolissement est le contrat de louage du navire.

Le *fret* ou *nolis* est le prix ou le loyer lui-même.

Le prix ou loyer est réglé par les conventions des parties et est constaté par la charte-partie ou par le connaissement.

651. L'affrétement ou la location d'un navire peut s'effectuer principalement des manières suivantes :

1° Pour la totalité du navire ;

2° Pour une portion seulement du navire ;

3° Au poids ou au tonneau ;

4° A cueillette.

652. Quand l'affréteur loue le *navire en entier,* il devient le maître des magasins du navire, et peut en disposer comme le locataire principal d'une maison dispose des logements de la maison ; il peut donc disposer du chargement, c'est-à-dire céder le droit de charger à qui bon lui semble.

653. Quand l'affrétement n'est fait que pour *une portion du navire,* comme la moitié, le tiers, le quart, l'affréteur doit se renfermer dans l'emplacement désigné, et ne pas charger au delà de cette portion, et le capitaine est obligé de lui livrer la totalité de la portion du navire qui est réservée à l'affréteur.

654. Lorsque l'affrétement est fait *au tonneau* ou *au poids,* le capitaine est obligé seulement de donner place dans le navire pour tant de tonneaux ou pour tel poids.

655. Si l'affrétement est fait *à cueillette,* le capitaine n'est obligé à recevoir de chargement partiel qu'à condition qu'il parviendra à compléter le chargement de son navire par d'autres affrétements ; sinon, l'affrétement à cueillette n'aura pas d'exécution.

On entend par *cueillette* un amas de marchandises appartenant à divers expéditeurs.

656. Il existe un grand nombre de règles qui con-

cernent le fret ou nolis, et qui prévoient les diverses circonstances qui peuvent se présenter à l'occasion du transport des marchandises sur mer; mais on n'a pas cru devoir entrer dans tous les détails : on a voulu seulement donner quelques notions sur les principales manières de louer un navire.

# CHAPITRE IV.

### Des contrats à la grosse aventure. — Des contrats d'assurance.

### SECTION I<sup>re</sup>.

*Des contrats à la grosse aventure.*

**657.** On appelle contrat *à la grosse aventure,* ou simplement contrat *à la grosse,* une convention par laquelle une personne prête à une autre personne une somme d'argent affectée à un navire, avec une chance de perte ou de gain subordonnée à la bonne ou mauvaise fortune du navire ou des objets sur lesquels le prêt a été fait.

Comme on le voit par cette définition, le contrat à la grosse est un véritable contrat aléatoire (424).

**658.** Le contrat à la grosse peut être fait ou par-devant notaire ou sous signature privée.

Il doit indiquer :

1° La somme prêtée et celle dont on est convenu comme profit pour le prêteur, dans le cas où le voyage s'effectuerait heureusement;

2° Les parties du navire sur lesquelles le prêt est fait;

3° Le nom du navire et celui du capitaine ;

4° Le nom du prêteur et celui de l'emprunteur;

5° Si le prêt a lieu pour un voyage, pour quel voyage et pour quel temps ;

6° L'époque du remboursement du prêt.

659. Les emprunts à la grosse peuvent être effectués :

1° Sur la coque, c'est-à-dire sur le corps du navire ;

2° Sur les agrès et les apparaux ;

3° Sur l'armement et les victuailles ;

4° Sur le chargement ;

5° Sur tous les objets qu'on vient de désigner conjointement, ou sur une partie déterminée de chacun d'eux.

660. Quand on prête sur le *corps du navire,* on doit entendre que la somme prêtée sera employée au payement des frais de radoub : ce qui comprend les journées de charpentiers et autres ouvriers.

Si le prêt est fait sur les *agrès* et *apparaux,* il faut entendre qu'il est fait sur les vergues, voiles, cordages, poulies et autres ustensiles du navire.

Si le prêt est fait sur l'*armement* et les *victuailles ,* il faut entendre par là qu'il est fait sur les canons du navire et autres armes, sur les vivres destinés à la nourriture des gens de l'équipage et des passagers, ou, en d'autres termes, sur les munitions de guerre et de bouche.

Lorsque le prêt est fait sur le *chargement ,* le navire peut périr ; et alors, si le chargement est sauvé, le prêteur n'éprouve aucun préjudice.

Quand le prêt est fait sur le *navire,* si le chargement vient à être perdu et le navire conservé, le prêteur n'éprouve non plus aucun préjudice.

661. Dans le lieu où demeure le propriétaire du

navire, le capitaine ne peut faire d'emprunt à la grosse sans son autorisation ou son intervention dans l'acte.

662. Le prêt à la grosse peut se faire à ordre, comme le connaissement ; dans ce cas, le porteur peut transmettre ses droits à une autre personne par endossement (568).

## SECTION II.

### Des contrats d'assurance.

663. On nomme *contrat d'assurance* une convention par laquelle une personne ou une société se rend responsable des cas fortuits ou imprévus auxquels une chose est exposée, moyennant une somme convenue, qui est acquise à l'assureur dès que le contrat est fait.

664. Le contrat d'assurance est aléatoire, et on peut dire qu'il tient du contrat de vente (376, 424).

Il tient du contrat de vente en ce que l'assureur vend à l'assuré la décharge des risques que peut courir la chose, moyennant un prix convenu que l'on nomme *prime ;* l'assuré achète cette sûreté ou cette garantie en payant la prime convenue.

Le contrat d'assurance est applicable à beaucoup de propriétés ou d'entreprises qui peuvent courir des risques : par exemple, aux maisons contre le risque des incendies, aux biens ruraux contre la grêle, aux vignes contre la gelée, etc.

Mais on ne doit considérer ici le contrat d'assurance que contre les risques de mer pour les navires qui font des voyages de long cours.

665. Le *contrat d'assurance,* que l'on nomme aussi

*police d'assurance*, doit être rédigé par écrit, soit par-devant notaire, soit sous signature privée.

Il doit désigner :

1° Le nom, la qualité et le domicile de celui qui fait assurer;

2° Le nom et l'espèce de navire; .

3° Le nom du capitaine ;

4° Le lieu où les marchandises ont été ou sont chargées;

5° Le port d'où le navire a dû partir ou doit partir;

6° Le port ou la rade où le navire doit charger ou décharger, et le lieu dans lequel il doit entrer ;

7° La nature et la valeur des marchandises ou objets que l'on fait assurer;

8° Le temps auquel les risques doivent commencer et finir;

9° La somme assurée ;

10° La prime, ou le coût de l'assurance ;

11° La soumission des parties à des arbitres en cas de contestation, à moins qu'il n'en ait été convenu autrement.

666. On peut assurer les objets suivants :

1° Le corps du bâtiment ;

2° Les agrés et apparaux ;

3° L'armement, ou les provisions de guerre ;

4° Les victuailles, ou les provisions de bouche ;

5° Les sommes prêtées à la grosse ;

6° Les marchandises du chargement et tous les objets appréciables à prix d'argent qui sont sujets aux risques de la navigation.

667. Quand le voyage vient à se rompre avant le départ du navire, même par le fait de l'assuré, le

contrat d'assurance est annulé, il n'a plus de motif ; mais l'assuré doit indemniser l'assureur de demi pour cent de la somme assurée.

668. Sont au risque de l'assureur, toutes pertes ou dommages qui arrivent aux objets assurés :

1° Par tempête,

2° Naufrage,

3° Échouement,

4° Abordage avec un autre navire,

5° Changement forcé de route,

6° Jet des marchandises à la mer,

7° Le feu,

8° La prise ou le pillage du navire.

Cependant ces pertes et dommages ne sont pas à la charge de l'assureur s'ils ont été occasionnés par la faute du capitaine (618) ou par la faute de l'assuré.

669. Le délaissement des objets assurés peut être fait à l'assureur, dans un certain délai et avec certaines conditions imposées à l'assuré, principalement dans les circonstances suivantes :

1° En cas de prise du navire,

2° En cas de naufrage avec bris du navire,

3° En cas d'échouement,

4° En cas de perte ou détérioration des objets assurés, lorsque cette perte ou cette détérioration s'élève aux trois quarts.

Dans ces diverses circonstances, l'assureur rembourse à l'assuré la valeur estimée des objets assurés et tire le meilleur parti possible des objets qui lui ont été délaissés.

# CHAPITRE V.

Des avaries.—Du jet et de la contribution.—Des prescriptions.

## SECTION I⁓.

### *Des avaries.*

670. On entend par *avaries :*

1° Toutes les dépenses extraordinaires faites pour la conservation du navire et des marchandises dont il est chargé;

2° Tout dommage causé au navire et aux marchandises, depuis le chargement et le départ jusqu'au retour et déchargement du navire.

Ce qui concerne les avaries est réglé par les conventions des parties : la loi commerciale ne pose des règles qu'à défaut de conventions particulières.

671. On distingue deux sortes d'avaries :

1° Les avaries grosses ou communes ;

2° Les avaries simples ou particulières.

672. On entend par *avaries communes* toutes les dépenses faites, tous les dommages soufferts pour le salut du navire et des marchandises, pour le salut commun : par exemple, si pour le salut commun on est obligé de couper les mâts du navire, de jeter des marchandises à la mer, etc.

Les avaries communes sont supportées par les propriétaires des marchandises et par la moitié du navire et du fret, au marc le franc, c'est-à-dire en proportion de la valeur respective de ces objets.

673. On entend par *avaries particulières* tous les dommages et dépenses causés pour la conservation des marchandises seules, ou du navire seul.

Les avaries particulières sont supportées par le propriétaire de la chose qui a essuyé le dommage ou occasionné la dépense.

674. C'est pour éviter d'avoir à leur charge les nombreux risques de mer, que les propriétaires de navires ou de marchandises les font assurer (663).

675. Les dommages arrivés aux marchandises sont, il est vrai, à la charge du propriétaire de ces marchandises ; mais si le dommage est arrivé par la faute du capitaine (618) ou de l'équipage, le propriétaire des marchandises a son recours contre le capitaine, le navire et le fret (644).

### SECTION II.

*Du jet et de la contribution.*

676. Lorsque, par suite d'une tempête ou d'une chasse de l'ennemi, il devient nécessaire, pour alléger le navire, de couper les mâts ou de jeter à la mer une partie du chargement, le capitaine ne peut le faire qu'après avoir pris l'avis des intéressés au chargement qui se trouvent sur le navire et des principaux de l'équipage.

Cette délibération doit être au plus tôt rédigée par écrit et signée des personnes qui y ont pris part ; puis elle est inscrite sur le registre du navire (622).

677. La contribution pour le payement des pertes et dommages est répartie par des experts sur la valeur des effets jetés ou sauvés au lieu de débarquement et sur la valeur de la moitié du navire et du fret.

## SECTION III.

### *Des prescriptions.*

678. La propriété d'un navire ne peut être acquise par prescription au capitaine qui le commande (455).

679. Toute action (605) provenant d'un contrat à la grosse ou d'une police d'assurance (657,663) est prescrite après cinq ans à partir de la date du contrat.

680. L'action en demande de délivrance de marchandises est prescrite un an après l'arrivée du navire.

681. Les actions en payement sont prescrites :

1° Pour fret de navire, pour gages et loyers des officiers, matelots et autres gens de l'équipage, un an après le voyage fini ;

2° Pour fournitures de nourriture aux matelots par l'ordre du capitaine, un an après la livraison ;

3° Pour fournitures de bois et autres choses nécessaires à la construction, à l'équipement du navire, un an après les fournitures ;

4° Pour salaires d'ouvriers et pour ouvrages faits, un an après la réception des ouvrages.

# LIVRE TROISIÈME.

L'intérêt du commerce, dont la prospérité importe tant à l'État, exigeait de la part du législateur des règles particulières pour le cas où un commerçant manque à ses engagements. La loi devait venir en aide au commerçant qui est malheureux mais honnête, punir celui qui manque à ses engagements par sa négligence ou par son inconduite, et flétrir le commerçant de mauvaise foi.

## CHAPITRE I<sup>er</sup>.

**De la faillite. — De la déclaration de faillite et de ses effets. — Du juge-commissaire. — De l'apposition des scellés et des premières dispositions à l'égard du failli. — Des syndics provisoires et des syndics définitifs.**

### SECTION I<sup>re</sup>.

#### *De la faillite.*

682. La *faillite* est l'état d'un commerçant qui, par une cause quelconque, a cessé ses payements.

### SECTION II.

#### *De la déclaration de faillite et de ses effets.*

683. Toute faillite doit être déclarée par un jugement du tribunal de commerce ; ce jugement est rendu :

Soit sur la déclaration du failli,

Soit sur la demande d'un ou de plusieurs créanciers,

Soit d'office.

684. Si le jugement qui déclare la faillite n'a pas fixé l'époque de la cessation des payements, cette époque est déterminée par un jugement ultérieur.

685. Tout failli est tenu, dans les trois jours qui suivront la cessation de ses payements, d'en faire la déclaration au greffe du tribunal de commerce de son domicile.

686. La déclaration du failli doit être accompagnée du bilan, ou indiquer la cause qui l'aurait empêché de le déposer.

Le bilan est un état contenant :

1° L'énumération et l'évaluation des biens meubles et immeubles du débiteur ;

2° Les dettes et les créances ;

3° Le tableau des profits et pertes ;

4° Le tableau des dépenses.

Le bilan doit être certifié véritable, daté et signé par le débiteur.

687. Le jugement déclaratif de la faillite doit être publié dans le lieu où la faillite aura été déclarée et dans tous les lieux où le failli aura des établissements commerciaux.

688. Les principaux effets du jugement déclaratif de la faillite sont :

1° Que le failli est dessaisi de l'administration de ses biens ;

2° Que les dettes non échues sont exigibles à l'égard du failli ;

3° Que tous actes translatifs de propriété mobilière ou immobilière à titre gratuit, tous engagements pris par le failli, tous payements faits par lui depuis l'époque indiquée par le tribunal pour la cessation des payements, ou dans les dix jours qui auront précédé cette époque, sont *en général* nuls et de nul effet à l'égard de la masse des créanciers.

## SECTION III.

### Du juge-commissaire.

689. Le tribunal, par le jugement déclaratif de la faillite, nomme un de ses membres *juge-commissaire*.

Le juge-commissaire est chargé particulièrement :

1° De surveiller la gestion de la faillite ;

2° D'en accélérer les opérations ;

3° De faire au tribunal de commerce le rapport des contestations que la faillite pourra faire naître.

A toutes les époques de la faillite, le tribunal peut remplacer le juge-commissaire par un autre de ses membres.

## SECTION IV.

### De l'apposition des scellés et des premières dispositions à l'égard du failli.

690. Par le jugement déclaratif de la faillite, le tribunal ordonne l'apposition des scellés, et s'assure de la personne du failli s'il y a lieu.

691. L'apposition des scellés est effectuée par le juge de paix, assisté de son greffier (28).

Les scellés consistent dans des bandes de papier attachées aux deux extrémités par de la cire sur laquelle est imprimé le sceau de la justice de paix.

**692.** Les scellés sont ainsi apposés sur les magasins, comptoirs, caisses, portefeuilles, livres, papiers, meubles et effets du failli.

**693.** Le greffier du tribunal de commerce adresse au procureur du roi extrait du jugement qui a déclaré la faillite.

## SECTION V.

### *Des syndics provisoires et des syndics définitifs.*

**694.** Par le jugement déclaratif de la faillite, le tribunal de commerce nomme un ou plusieurs *syndics provisoires.*

On nomme *syndics* des personnes qui agissent dans l'intérêt d'une société.

**695.** Le juge - commissaire doit convoquer aussitôt les créanciers présumés ; puis, il consulte ceux qui sont présents à cette première réunion, tant sur la composition de l'état des créanciers présumés que sur la nomination des nouveaux syndics.

Un procès-verbal de ces opérations est dressé et présenté au tribunal.

**696.** Sur le vu de ce procès-verbal, le tribunal nomme les syndics définitifs, soit en continuant les premiers dans leurs fonctions, soit en en choisissant d'autres.

**697.** Les syndics définitifs peuvent être choisis ou parmi les créanciers de la faillite, ou parmi des personnes étrangères à la masse des créanciers.

**698.** Quand les syndics ont rendu compte de leur gestion, il peut leur être alloué une indemnité, qui est fixée par le tribunal.

699. Aucun parent ou allié du failli, jusqu'au quatrième degré, ne peut être nommé syndic (296).

700. S'il s'élève des réclamations contre quelqu'une des opérations des syndics, le juge-commissaire en décide; mais on a son recours devant le tribunal de commerce.

701. Le tribunal peut prononcer la révocation d'un ou de plusieurs des syndics.

702. Les syndics doivent requérir le juge de paix d'apposer les scellés, si cette opération n'a pas eu lieu.

703. Sur l'autorisation du juge-commissaire, les syndics peuvent être dispensés de faire placer sous les scellés :

1° Les effets nécessaires au failli et à sa famille ;

2° Les objets sujets à un dépérissement prochain ;

3° S'il y a lieu, les objets servant à l'exploitation du fonds de commerce.

704. Le juge-commissaire peut aussi autoriser les syndics à faire extraire des scellés par le juge de paix :

1° Les livres de commerce, après qu'ils ont été arrêtés par le juge de paix ;

2° Les effets de portefeuille à courte échéance ou susceptibles d'acceptation.

705. D'après l'état apparent des affaires du failli, s'il a été arrêté, le juge-commissaire peut proposer sa mise en liberté; si le juge ne fait pas cette proposition, le failli peut adresser directement sa demande au tribunal pour obtenir cette faveur.

706. Les lettres adressées au failli sont ouvertes

par les syndics ; le failli peut être présent à cette ouverture.

707. Le failli peut obtenir sur son actif, pour lui et sa famille, des secours alimentaires.

708. Les syndics appellent le failli près d'eux pour clore et arrêter les livres en sa présence ; et, si le bilan n'a pas été déposé par le failli, les syndics le dressent immédiatement.

---

## CHAPITRE II.

**De la levée des scellés, de l'inventaire et de la vente. — De la vérification des créances. — Du concordat. — De l'union des créanciers.**

### SECTION I<sup>re</sup>.

*De la levée des scellés, de l'inventaire et de la vente.*

709. Après leur nomination ou leur maintien, les syndics requièrent la levée des scellés et procèdent à l'inventaire des biens du failli.

710. L'inventaire est dressé en double par les syndics, en présence du juge de paix.

Un de ces doubles est déposé au greffe du tribunal de commerce, et l'autre reste entre les mains des syndics.

711. Puis les syndics doivent remettre au juge-commissaire un mémoire sommaire de la faillite, des causes et des caractères qu'elle peut avoir.

Ce mémoire est aussitôt transmis par le juge-commissaire au procureur du roi.

712. Les officiers du ministère public (32) ont le droit d'assister à l'inventaire, et peuvent, à toute

époque, demander la communication de tous les actes, livres et papiers relatifs à la faillite.

713. L'inventaire terminé, sont remis aux syndics les marchandises, les titres actifs, les livres et papiers, ainsi que les meubles et effets du débiteur failli.

714. Le juge-commissaire peut autoriser les syndics à procéder à la vente des effets mobiliers et marchandises.

715. Les deniers provenant de la vente ou des recouvrements sont versés à la caisse des dépôts et consignations, et le juge-commissaire peut ordonner que la caisse les verse directement entre les mains des créanciers.

## SECTION II.

### *De la vérification des créances.*

716. A compter du jugement déclaratif de la faillite, les créanciers peuvent remettre au greffier du tribunal de commerce leurs titres, avec un bordereau des sommes par eux réclamées : le greffier en donne un reçu.

717. Dès que les syndics définitifs ont été nommés, les créanciers qui n'ont pas remis leurs titres sont avertis par lettres, et par des insertions dans les journaux, d'en faire la remise, dans les délais indiqués, soit aux syndics, soit au greffier.

718. Les délais pour la remise des titres étant expirés, on commence la vérification des créances.

719. Tout créancier vérifié ou porté au bilan peut assister à la vérification des créances et les discuter ; le failli a le même droit.

**720.** Chaque créancier dont la créance a été vérifiée doit *affirmer* devant le juge-commissaire *que sa créance est sincère et véritable.*

**721.** La créance étant admise, les syndics signent sur le titre la déclaration suivante :

*Admis au passif de la faillite de M.....................*
*pour la somme de........... le .......................*

Et le juge-commissaire vise la déclaration.

**SECTION III.**

*Du concordat.*

**722.** On nomme *concordat* le traité qui intervient entre les créanciers et le failli.

Le but du concordat est de donner au commerçant honnête et malheureux le moyen de rétablir son commerce, et de pouvoir, par la suite, satisfaire intégralement ses créanciers.

**723.** Après que les délais prescrits pour l'affirmation des créances sont expirés, le juge-commissaire fait convoquer les créanciers dont les créances ont été admises, pour délibérer sur la formation du concordat.

**724.** Cette assemblée des créanciers est présidée par le juge-commissaire : les créanciers doivent s'y présenter en personne ou par fondés de pouvoirs (426) ; le failli est appelé à cette assemblée.

**725.** Les syndics font un rapport sur toutes les opérations de la faillite ; le failli est entendu, et le juge-commissaire dresse procès-verbal de tout ce qui a été dit ou fait dans l'assemblée.

**726.** Le traité à intervenir ne peut avoir lieu que par le concours des créanciers formant *la majorité*, et dont les créances représentent les *trois quarts* de la totalité des créances vérifiées et affirmées, ou admises par provision.

727. Si le failli vient à être poursuivi comme banqueroutier simple ou banqueroutier frauduleux, les créanciers sont convoqués pour décider s'ils se réservent de délibérer sur le concordat en cas d'acquittement.

728. Si le failli est condamné comme banqueroutier frauduleux, il ne peut y avoir de concordat.

S'il est condamné comme banqueroutier simple, le concordat peut être formé.

729. Les créanciers dont les droits à concourir au concordat ont été reconnus peuvent y former opposition ; le tribunal de commerce prononce sur la valeur de l'opposition.

Si l'opposition est admise, l'annulation du concordat est prononcée.

730. Dans tous les cas, le concordat doit être homologué, c'est-à-dire confirmé par jugement du tribunal de commerce, et le tribunal peut refuser l'homologation.

731. Le concordat, étant homologué par le tribunal de commerce, est obligatoire pour tous les créanciers du failli.

732. Les syndics rendent leur compte définitif au failli ; ils lui remettent l'universalité de ses biens ; le failli donne décharge : le tout en présence du juge-commissaire, qui en dresse un procès-verbal.

## SECTION IV.

### De l'union des créanciers.

733. S'il n'intervient point de concordat, soit que les créanciers n'aient pas voulu y consentir, soit que

le tribunal ait refusé son homologation, les créanciers sont de plein droit *en état d'union.*

734. La conséquence de cet état d'union est que les créanciers s'unissent pour recouvrer en commun ce qu'ils pourront de leurs créances.

735. Les syndics représentent la masse des créanciers, et sont chargés de procéder à la liquidation.

736. Les créanciers en état d'union sont convoqués par le juge-commissaire, au moins une fois durant la première année, et s'il y a lieu dans les années suivantes.

Dans ces assemblées, les syndics doivent rendre compte de leur gestion.

737. Lorsque la liquidation de la faillite est terminée, les syndics rendent leur compte définitif aux créanciers assemblés ; le failli est appelé à cette réunion.

738. Le montant de l'actif de la faillite est réparti entre tous les créanciers *au marc le franc* de leurs créances, vérifiées et affirmées, après, toutefois, qu'on aura déduit :

1° Les frais et dépenses de l'administration de la faillite ;

2° Les secours qui auront été accordés au failli ;

3° Les sommes payées aux créanciers privilégiés.

739. Après la clôture de l'assemblée où les syndics auront rendu leur compte définitif, l'*union* est dissoute de plein droit.

# CHAPITRE III.

De la banqueroute.—De la banqueroute simple. — De la banqueroute frauduleuse. — De la réhabilitation.

## SECTION 1re.

### *De la banqueroute.*

740. La *banqueroute* est l'état d'un commerçant qui a fait faillite par suite de sa négligence et de ses fautes dans la gestion de ses affaires, ou par fraude.

741. On compte deux sortes de banqueroute :

La banqueroute *simple ;*

La banqueroute *frauduleuse.*

742. La banqueroute simple est un *délit :* le prévenu est jugé par le tribunal de police correctionnelle (29).

La banqueroute frauduleuse est un *crime :* l'accusé est jugé en cour d'assises (30).

Si le prévenu ou l'accusé est condamné, il est puni des peines portées par le code pénal (54).

La peine encourue par le banqueroutier simple est l'emprisonnement pour un mois au moins et deux ans au plus.

La peine, pour le banqueroutier frauduleux, est celle des travaux forcés à temps, avec exposition.

743. Dans tous les cas de poursuite ou de condamnation en banqueroute simple ou frauduleuse, il n'est apporté aucun changement dans l'administration relative aux biens de la faillite.

## SECTION II.

### *De la banqueroute simple.*

**744.** Est déclaré *banqueroutier simple* le commerçant failli qui se trouve dans un des cas suivants :

1° Si ses dépenses personnelles ou les dépenses de sa maison sont jugées excessives ;

2° S'il a consommé de fortes sommes à des opérations de pur hasard, ou à des opérations fictives de bourse ou sur marchandises ;

3° Si, dans l'intention de retarder sa faillite, il a fait des achats pour revendre au-dessous du cours ;

4° Si enfin, depuis la cessation de ses payements, il a payé un créancier au préjudice de la masse.

**745.** Parmi les causes qui peuvent encore rendre le commerçant failli susceptible d'être déclaré banqueroutier simple, il est essentiel d'indiquer celle-ci : s'il n'a pas tenu de livres et fait exactement inventaire, ou bien si ses livres ont été mal tenus (469).

**746.** Le commerçant failli peut être poursuivi en banqueroute simple :

1° Par tout créancier ;

2° Par le ministère public (32) ;

3° Par les syndics ; mais ces derniers doivent y être autorisés par une délibération prise à la majorité des créanciers présents.

## SECTION III.

### *De la banqueroute frauduleuse.*

**747.** Est déclaré *banqueroutier frauduleux* le commerçant failli :

1° Qui a soustrait ses livres de commerce ;

2° Qui a détourné ou dissimulé une partie de son actif;

3° Qui s'est frauduleusement déclaré débiteur de sommes qu'il ne devait pas.

**748.** Sont condamnées aux peines de la banqueroute frauduleuse :

1° Les personnes convaincues d'avoir, dans l'intérêt du failli, soustrait, recélé ou dissimulé tout ou partie des biens du failli ;

2° Les personnes qui sont convaincues d'avoir frauduleusement présenté dans la faillite ou affirmé des créances supposées.

**749.** Il est d'autres infractions qui sont punies plus ou moins sévèrement, suivant les circonstances et suivant les personnes qui en sont jugées coupables.

## SECTION IV.

### De la réhabilitation.

**750.** On nomme *réhabilitation* un acte par lequel le failli est rendu à l'état et aux droits que lui avait fait perdre la faillite.

**751.** Peut obtenir sa réhabilitation, le failli qui a acquitté entièrement en principal, intérêts et frais toutes les sommes qu'il devait.

**752.** Le failli doit adresser sa demande en réhabilitation à la cour royale dans le ressort de laquelle est son domicile (71), et joindre à cette demande les quittances et pièces justificatives.

**753.** La demande doit être rendue publique, et, après les délais exigés par la loi et tous les renseignements pris, la cour peut rendre un arrêt portant réhabilitation ; cet arrêt est, comme la demande, rendu public.

754. Si la demande en réhabilitation est rejetée, le failli ne peut la reproduire qu'à une année d'intervalle.

755. Ne sont point admis à demander leur réhabilitation :

1° Les banqueroutiers frauduleux ;

2° Les personnes condamnées pour vol, escroquerie ou abus de confiance ;

3° Les stellionataires ;

4° Les tuteurs, administrateurs et autres comptables qui n'ont pas rendu et soldé leurs comptes.

On appelle *stellionataire* celui qui a vendu deux fois un même bien immeuble, ou qui a vendu sciemment le bien d'autrui, ou encore qui a présenté comme libre d'hypothèques un bien hypothéqué (446).

756. Le banqueroutier simple ne peut être admis à la réhabilitation que quand il a subi la peine à laquelle il a été condamné.

Le failli peut être réhabilité après sa mort.

757. Nul commerçant failli non réhabilité ne peut se présenter à la bourse de commerce (503).

---

# CHAPITRE IV.

De la cession de biens. — De la contrainte par corps en matière commerciale.

## SECTION Ire.

### *De la cession de biens.*

758. La *cession de biens* est l'abandon qu'un débiteur fait de tous ses biens à ses créanciers, lorsqu'il se trouve hors d'état de payer ses dettes.

On compte deux espèces de cessions de biens :

La cession volontaire ;

La cession judiciaire.

**759.** La *cession de biens volontaire* est celle que les créanciers consentent, et qui n'a d'autre effet que celui qui découle des conventions entre le débiteur et ses créanciers.

**760.** La *cession de biens judiciaire* est un bénéfice que la loi accorde au débiteur malheureux et de bonne foi ; elle le garantit de la contrainte par corps : cette cession ne peut être obtenue que par un jugement, et ne libère le débiteur que jusqu'à concurrence de la valeur des biens abandonnés.

**761.** Ne sont pas admis au bénéfice de la cession judiciaire :

1° Les étrangers ;

2° Les stellionataires ;

3° Les banqueroutiers frauduleux ;

4° Les personnes condamnées pour vol et escroquerie ;

5° Les personnes comptables, tuteurs, administrateurs et dépositaires.

## SECTION II.

*De la contrainte par corps en matière commerciale.*

**762.** La contrainte par corps, comme nous l'avons dit (436), est un moyen donné au créancier pour forcer son débiteur à exécuter le payement d'une obligation.

**763.** La contrainte par corps peut avoir lieu :

1° Contre les banquiers ;

2° Contre les agents de change et courtiers, pour les opérations dont ils se chargent (507, 511);

3° De marchands à marchands et contre toutes personnes pour faits de commerce ;

4° Contre toutes personnes qui signent des lettres de change.

764. La contrainte par corps, une fois obtenue, ne peut être mise à exécution, c'est-à-dire que le débiteur ne peut être arrêté :

1° Avant le lever et après le coucher du soleil ;

2° Les jours de fête légale ;

3° Dans les édifices consacrés au culte et pendant les exercices religieux ;

4° Dans le lieu et pendant la tenue des séances des autorités constituées ;

5° Dans une maison quelconque, à moins que l'huissier chargé d'arrêter le débiteur ne soit assisté du juge de paix.

765. Du reste, diverses causes peuvent faire cesser la détention avant le temps pour lequel le débiteur pouvait être écroué ; par exemple, si le créancier ne consigne pas d'avance le prix des aliments du débiteur, ou si le débiteur obtient le bénéfice de cession, etc.

---

# CHAPITRE V.

### Des tribunaux de commerce et de leur compétence. — Des conseils de prud'hommes.

## SECTION 1re.

*Des tribunaux de commerce et de leur compétence.*

766. L'intérêt du commerce exigeait que les juges, dans les contestations entre commerçants, fussent choisis, non-seulement parmi des personnes ayant

la connaissance des lois, mais encore ayant l'habitude des opérations commerciales ; c'est pourquoi ils sont pris parmi les commerçants les plus capables et les plus probes.

767. Le nombre des tribunaux de commerce n'est point limité : la loi laisse au Gouvernement le soin de désigner les villes qui, par l'importance de leur commerce ou de leur industrie, doivent posséder un tribunal de commerce.

768. Dans les villes qui ne sont pas susceptibles de posséder un tribunal de commerce, les contestations pour faits de commerce sont jugées, commercialement, par les tribunaux civils (29).

769. Les tribunaux de commerce sont dans les attributions et sous la surveillance du ministère de la justice.

770. Les tribunaux de commerce sont compétents pour juger :

1° Toutes les contestations relatives à des engagements et à des transactions entre banquiers, négociants, marchands, et manufacturiers ou fabricants (460-464) ;

2° Les contestations survenues par suite d'actes de commerce entre toutes personnes non réputées commerçantes.

771. On doit entendre par *compétence* d'un tribunal le droit qu'il a *de connaître d'une cause*.

772. Les appels des jugements rendus par les tribunaux de commerce sont portés en cour royale (30).

## SECTION II.

### *Des conseils de prud'hommes.*

**773.** Les *conseils de prud'hommes* sont établis dans les villes industrielles et manufacturières.

Le mot *prud'homme* vient de deux mots latins : *prudentes homines*, qui signifient hommes prudents, sages.

**774.** Les membres des conseils de prud'hommes sont choisis parmi les *fabricants* (463) et les *chefs d'ateliers* ou *contre-maîtres* : leur réputation de probité doit être intacte.

**775.** Pour être élus prud'hommes,

Les *fabricants* doivent :

1° Être Français ;

2° Être patentés ;

3° Exercer actuellement leur profession ;

4° Avoir exercé cette profession pendant au moins six ans ;

5° Savoir lire et écrire ;

6° Ne pas avoir fait faillite ;

7° Être âgés de trente ans.

Les ouvriers *chefs d'ateliers* ou *contre-maîtres* doivent :

1° Être Français ;

2° Être patentés ( la patente n'est point exigée pour les contre-maîtres) ;

3° Avoir six ans d'exercice dans leur profession ;

4° Savoir lire et écrire ;

5° Ne pas avoir été condamnés pour rétention de matière première fournie par le fabricant ;

6° Être âgés de trente ans.

**776.** Les conseils de prud'hommes ont à remplir des devoirs analogues à ceux des juges de paix ; ils sont avant tout institués pour terminer par la conciliation les différends qui s'élèvent fréquemment entre les fabricants et les ouvriers, entre les chefs d'ateliers, les contre-maîtres et les compagnons et apprentis, soit en matière d'intérêt, soit en matière de police et de discipline dans les ateliers ou fabriques.

S'ils ne peuvent parvenir à la conciliation, alors ils sont appelés à remplir les fonctions de juges, et comme tels ils prononcent, sans frais ni forme de procédure, sur les contestations d'intérêt et faits de discipline.

# APPENDICE.

## NOTIONS SPÉCIALES

### CONCERNANT LES ACTES SOUS SEING PRIVÉ.

1. On a dit (363) que la preuve littérale est celle qui résulte des titres ou écrits dont les principaux sont les *écrits* ou *actes authentiques*, et les *écrits* ou *actes sous seing privé*.

L'acte *authentique* est celui qui a été reçu par un officier public, tel qu'un notaire, un juge de paix, un huissier, etc.

L'acte *sous seing privé* est celui qui a été souscrit par une ou plusieurs personnes, sans la participation d'un officier public.

2. On peut, sous seing privé, faire toutes les conventions, prendre tous les engagements civils ou commerciaux que l'on veut, pourvu qu'il n'y ait, dans ces conventions ou engagements, rien d'illicite, rien de contraire aux bonnes mœurs ni à l'ordre public (348, 351).

Cette règle renferme cependant les exceptions suivantes :

    Les donations entre vifs (327),

    Les contrats de mariage (370),

    Les contrats de société anonyme (494),

ne peuvent jamais être faits que par acte public, c'est-à-dire par-devant un notaire.

3. Il n'y a que les personnes qui peuvent s'engager valablement à qui il est permis de souscrire des actes sous seing privé ; ainsi les mineurs, les femmes sous puissance de mari, les interdits, etc., sont incapables de passer un acte sous seing privé.

4. En exécution de la loi sur l'impôt du timbre, tous les actes sous seing privé doivent en général être écrits sur papier timbré, sinon, on peut être condamné à payer une amende qui varie suivant les circonstances.

5. Il est essentiel de remarquer que l'absence du timbre n'enlève aucune valeur à l'acte sous seing privé en lui-même, seulement si on est obligé de faire usage de l'acte

en justice, on ne peut le présenter sans l'avoir au préalable fait viser pour timbre, et sans avoir payé l'amende encourue.

6. Après l'énonciation des noms, prénoms, professions et demeures des personnes qui sont parties dans un acte sous seing privé, on doit indiquer l'objet pour lequel l'acte est fait, l'époque et le lieu où ce dont on est convenu sera exécuté, et puis on doit désigner le jour, le mois, l'année et le lieu où l'acte est passé.

7. L'acte peut être écrit par toute personne, mais il doit être signé par la personne ou les personnes intéressées dans l'acte ; de sorte que celui qui ne sait point du tout écrire ne peut faire un acte sous seing privé : il ne peut contracter que par-devant notaire.

8. Si l'acte a été écrit par une personne non intéressée, celui qui y est intéressé doit écrire de sa main, à la suite de l'acte, ces mots : *Bon pour la somme de.....*, ou *Bon pour la quantité de.......*, suivant la nature de l'objet, et signer au-dessous de ces mots.

9. Cependant pour favoriser le commerce, et s'il s'agit d'une promesse ou d'un billet de la part d'un marchand, d'un ouvrier ou d'une personne de service, la loi n'exige pas le *Bon pour la somme de.......;* il suffit de la simple signature.

10. L'acte sous seing privé doit être écrit lisiblement, sans blancs, lacunes ni intervalles; il doit énoncer en *toutes lettres* les *sommes* et les *dates :* s'il y a des *ratures* ou des *renvois*, ils doivent être *approuvés* avec *signature* ou *paraphe* des contractants; le tout à peine de nullité de l'acte.

11. Si un acte sous seing privé est synallagmatique ou bilatéral (349), on doit, afin qu'il soit valable, le rédiger en autant d'originaux qu'il y a de parties ayant un intérêt distinct, et mention du nombre d'originaux doit être faite dans l'acte.

12. Lorsqu'un acte sous seing privé n'est pas méconnu par celui auquel on l'oppose, ou qu'il est tenu pour légalement reconnu, il fait foi entre ceux qui l'ont souscrit, ou entre leurs héritiers ou successeurs (205).

13. Si cependant celui qui a souscrit un acte sous seing privé vient à méconnaître sa signature, ou si cette signature est méconnue par ses héritiers, on doit alors le citer ou citer les héritiers en justice, afin que la signature soit reconnue ou méconnue.

Quand la personne citée fait défaut, c'est-à-dire qu'elle ne se présente pas devant le tribunal, il est rendu un jugement par lequel la signature est considérée comme reconnue.

Lorsque le signataire de l'acte ou ses héritiers nient devant le tribunal l'écriture et la signature de l'acte, il est rendu un jugement qui ordonne la vérification par experts, et le tribunal prononce sur le dire des *experts*.

On nomme *experts* des personnes versées dans la connaissance d'une chose.

14. L'acte sous seing privé n'a d'effet à l'égard des tiers que quand il a une date certaine.

Il peut acquérir une date certaine par la mort de celui qui a souscrit l'acte, ou par l'enregistrement de l'acte.

L'enregistrement est l'inscription de l'acte sur un registre public tenu dans les bureaux affectés à ce service ; par ce moyen, l'acte ne peut être frauduleusement changé ou antidaté : il est perçu un droit pour cette inscription qui varie suivant la nature de l'acte.

15. Il faut remarquer que les lettres de change (545) tirées de place en place, celles qui viennent des colonies françaises ou de l'étranger, et autres effets négociables ne sont pas soumis à la formalité de l'enregistrement.

16. Si la personne qui a souscrit un engagement sous seing privé refuse de remplir son obligation, quoique l'acte soit sur papier timbré, soit enregistré et qu'il ne soit pas denié, il n'est cependant pas exécutoire, c'est-à-dire qu'on ne peut pas forcer le souscripteur à remplir son obligation ; pour y parvenir, il faut obtenir un jugement qui rende l'acte exécutoire.

Une fois ce jugement obtenu, l'acte sous seing privé a autant de valeur, possède la même authenticité qu'un acte fait par-devant notaire.

FIN.

# QUESTIONNAIRE.

## NOTIONS PRÉLIMINAIRES.

### CHAPITRE I<sup>er</sup>.

#### Section 1<sup>re</sup>. — *Du pouvoir législatif.*

Qu'est-ce que le pouvoir législatif ? — Par qui le pouvoir législatif est-il exercé ? — Par qui sont nommés les membres de la chambre des pairs ? — Qui nomme les membres de la chambre des députés ? — Quelles sont les conditions nécessaires pour être électeur ? — Quelles sont les conditions exigées pour être député ?                     Page 1

#### Section 2. — *Du pouvoir exécutif.*

A qui appartient le pouvoir exécutif ? — Quels sont les droits que l'exercice du pouvoir exécutif donne au roi ? — Par qui le roi est-il secondé dans l'administration du royaume ? — Que sont appelés à administrer le préfet, le sous-préfet et le maire ? — Par qui le préfet et le sous-préfet sont-ils nommés ? — Par qui sont nommés les maires et les adjoints ? — Quelles sont les fonctions des adjoints ? — Quels sont les deux ordres de fonctions que les maires ont à remplir ? — En quoi consistent les fonctions judiciaires des maires ? — En quoi consistent les fonctions administratives des maires ? — Quels sont les trois ordres de conseils qui existent dans chaque département ? — Par qui sont nommés les membres qui composent ces conseils ? — Quelle est l'occupation de ces conseils ?                     2

#### Section 3. — *Du pouvoir judiciaire.*

Qu'est-ce que le pouvoir judiciaire ? — Au nom de qui et par qui la justice est-elle rendue ? — Nommez les juges des tribunaux ordinaires. — Pourquoi les juges des tribunaux ordinaires sont-ils inamovibles ? — De quel crime se rendrait coupable le juge qui refuserait de juger? — Où sont établies les justices de paix? — Quelles sont les principales attributions des juges de paix? — Où sont établis les tribunaux de première instance? — Que sont appelés à juger les tribunaux de première instance?.— Quel est le nombre des cours royales pour toute la France? — Que sont appelées à juger les cours royales? — Que sont appelés à juger les membres du jury?— Comment se nomment les membres du jury? — Dans une affaire criminelle, quel est le nombre des jurés?— Parmi quelle sorte de personnes les jurés sont-ils choisis? — Y a-t-il en France plusieurs cours de cassation?— Que fait la cour de cassation? — Comment nomme-t-on les magistrats qui représentent le roi auprès de chaque cour ou tribunal? — Quels sont les principaux devoirs de ces magistrats?.　　　　　　　　　　　　　　　　　　4

## CHAPITRE II.

### Section 1re. — *De la loi.*

Quelle est la double origine de la loi? — Comment nomme-t-on la loi qui nous vient de Dieu?—La loi naturelle change-t-elle?. — La loi qui nous vient des hommes change-t-elle? — Quel est, en France, le pouvoir qui fait, change et abolit les lois?— Quel est le propre de la loi?— Qu'est-ce que la sanction de la loi?　　　　　　　　8

### Section 2. — *Formation de la loi.*

Quelles sont les quatre conditions nécessaires pour faire, en France, une loi?—Qu'est-ce que l'initiative?—Qu'est-ce que la sanction du roi?.　　　　　　　　　　　　　　9

### Section 3: — *Promulgation de la loi.*

Qu'est-ce que promulguer une loi? —A qui appartient le droit de promulguer une loi? — Quand une loi est promulguée, est-elle en même temps exécutoire par toute la France?　　　　　　　　　　　　　　　　　9

### Section 4. — *Abolition de la loi.*

Quand est-ce qu'une loi est abrogée? — De combien de manières une loi peut-elle être abrogée?　　　　　10

### Section 5. — *Des effets de la loi.*

Les lois peuvent-elles avoir un effet rétroactif? — Pourquoi ne peuvent-elles avoir un effet rétroactif?— Pourquoi les lois de police et de sûreté obligent-elles l'étranger résidant en France comme le Français? — Qu'entendez-vous par lois personnelles? — Qu'entendez-vous par lois réelles? — Les biens immeubles qu'un étranger possède en France sont-ils régis par les lois françaises?                    10

## CHAPITRE III,

### Sections 1, 2 et 3. — *Du droit des gens. — Du droit public. — Du droit privé ou civil.*

Qu'est-ce que le droit des gens?— Qu'est-ce que le droit public? — Qu'est-ce que la charte constitutionnelle? — Qu'est-ce que le droit privé ou civil?— Qu'est-ce que le code civil? — Qu'est-ce que le code de procédure civile? — Qu'est-ce que le code de commerce?— Qu'est-ce que le code pénal?. — Qu'est-ce que le code d'instruction criminelle?                    11

# NOTIONS DE DROIT CIVIL.

En combien de livres le code civil est-il divisé? — De quoi traite le premier livre? — De quoi traite le deuxième livre? — Que règle le troisième livre?

## LIVRE PREMIER.
### CHAPITRE 1er.

Section 1re. — *De l'état et de la capacité des personnes.*



Section 2. — *De la jouissance et de la privation des droits civils.* (Code civil, art. 7-33.)



Section 3. — *Du domicile.* (C. c., 102-111.)

# CHAPITRE II.

**Section 1re.** — *Des actes de l'état civil.* (C. c., 34-54.)

Qu'entendez-vous par actes de l'état civil? — Sur quoi sont inscrits les actes de l'état civil? — Comment nomme-t-on la personne chargée de recevoir les actes de l'état civil? — Qui remplit, dans les communes, les fonctions d'officier de l'état civil? — Qu doit faire à la fin de chaque année l'officier de l'état civil? — Chacun peut-il se faire délivrer des extraits des actes de l'état civil? — Où peut-on se faire délivrer ces extraits?　　　　　　　　17

**Section 2.** — *Règles communes à tous les actes de l'état civil.*

Que doivent énoncer les actes de l'état civil? — Par qui sont choisis les témoins dans une déclaration à l'état civil? — Que faut-il pour être témoin? — Que doit faire l'officier de l'état civil quand l'acte est écrit?　　　18

**Section 3.** — *Règles particulières à chaque espèce d'acte de l'état civil.* (C. c., 55-98.)

Dans quel délai doit-on déclarer la naissance d'un enfant? — Qui doit faire cette déclaration? — Combien faut-il de témoins? — Doit-on présenter l'enfant à l'officier de l'état civil? — Que doit énoncer particulièrement l'acte de naissance? — Qui célèbre le mariage civil, quand toutes les formalités ont été remplies? — Quelle demande doit adresser l'officier de l'état civil aux futurs époux avant de prononcer qu'ils sont unis par les liens du mariage? — En présence de combien de témoins le mariage doit-il être célébré? — Que doit indiquer particulièrement l'acte de mariage? — Quand doit être faite une déclaration de décès? — Par combien de témoins la déclaration doit-elle être faite? — Qui doit être témoin? — Que doit particulièrement contenir l'acte de décès? — Que doit faire l'officier de l'état civil après la déclaration de décès et avant de permettre l'inhumation du corps? — Dans quel délai l'inhumation doit-elle être faite?　　　19

**Section 4. — *De la rectification des actes de l'état civil.***
**(C. c., 99-101.)**

Quand peut-on rectifier les actes de l'état civil ? — Que doit faire l'officier de l'état civil quand un jugement de rectification a été rendu ? — A qui peut être opposée cette rectification ?                    21

## CHAPITRE III.

**Sections 1 et 2. — *Des absents. — De la présomption d'absence.* (C. c., 112-114.)**

Qu'est-ce que l'absence ? — Combien y a-t-il de périodes à considérer quant à l'absence ? — Nommez ces périodes. — Quand commence la présomption d'absence, et combien doit-elle durer au moins ? — Que présume-t-on, quant à l'existence de la personne disparue, pendant cette première période ?                    21, 22

**Section 3. — *De la déclaration d'absence.* (C. c., 115-143.)**

Après quel laps de temps peut-on demander la déclaration d'absence au tribunal d'arrondissement ? — Qui peut demander la déclaration d'absence ? — Pourquoi le tribunal attend-il une année avant de répondre à la demande ? — En déclarant l'absence, que fait le tribunal quant aux biens de l'absent ? — A quel titre les héritiers présumés de l'absent possèdent-ils les biens du déclaré absent ? — Que présume-t-on quant à l'existence de l'absent pendant cette deuxième période ?                    22

**Section 4. — *De l'envoi en possession définitif des biens.***

Après quel laps de temps les envoyés en possession provisoire des biens deviennent-ils possesseurs définitifs ? — Que présume-t-on pendant cette troisième période quant à l'existence de l'absent ? — Si l'absent se représente pendant la deuxième période, que doit-on faire quant aux biens et à leurs revenus ? — Et s'il se représente pendant la troisième période ?                    23

## CHAPITRE IV.

**Section 1re. — *Du mariage.***

Définissez le mariage.                    24

l'acte de prise en tutelle officieuse? — Dans quelle vue la tutelle officieuse a-t-elle été créée?—Dans quel cas le tuteur officieux pourra-t-il adopter son pupille par testament? — Si, à sa majorité, le pupille n'est pas en état de gagner sa vie et s'il n'est pas adopté, que peut-il arriver au tuteur officieux? 32

Section 6. — *De l'adoption, de la forme et des effets de l'adoption.* (C. c., 343-360.)

Qu'est-ce que l'adoption? — Quelles sont les conditions nécessaires pour pouvoir adopter? — Quelles sont les conditions nécessaires pour pouvoir être adopté? — N'est-il pas une circonstance où il n'est pas nécessaire d'avoir donné six ans de soins à celui que l'on veut adopter, ni d'avoir quinze ans de plus que lui? — Où doit se faire le contrat d'adoption? — Une fois le contrat passé, par quels tribunaux doit-il être homologué? — Où doit-on inscrire l'acte d'adoption et les jugements rendus? — Que doit faire l'adopté par rapport au nom de son père adoptif? — Quels sont les droits du fils adoptif sur les biens du père adoptif? — Quels sont les devoirs de l'adopté envers l'adoptant? 33

## CHAPITRE VI.

Section 1re. — *De la minorité.* (C. c., 388.)

Qu'est-ce que la minorité? — Jusqu'à quel âge est-on mineur? — N'y a-t-il pas des cas où la minorité se prolonge jusqu'à vingt-cinq ans? 35

Section 2. — *De la tutelle ordinaire.* (C. c., 389-475.)

Qu'est-ce que la tutelle ordinaire? — Par quoi et par qui peut être imposée une charge de tutelle? — Comment nomme-t-on la personne chargée d'une tutelle?—Comment appelle-t-on le mineur qui est en tutelle? — Combien compte-t-on de tutelles ordinaires? — Quand prend naissance une tutelle? — A qui appartient de droit la tutelle quand un des deux époux vient à mourir? — Comment nomme-t-on la tutelle du père ou de la mère? — La mère appelée à être tutrice est-elle forcée d'accepter la tutelle? — Que doit faire la mère tutrice qui veut se remarier? — Le dernier survivant des époux a-t-il le droit de choisir, avant de mourir, un tuteur à ses enfants mineurs? — Par quel acte peut-il faire choix d'un tuteur? — Comment nomme-t-on cette tutelle? — Si l'on est ainsi désigné pour tuteur, est-on forcé d'accepter? — Quand a lieu la tutelle des ascendants? — Quel nom donne-t-on à cette tutelle? — Parmi les ascendants, à qui la tutelle appartient-elle de droit? — Les ascendantes peuvent-elles être tutrices de droit? — Dans quelles circonstances le conseil de famille est-il appelé à conférer la tutelle? — Comment se nomme cette tutelle? — Comment doit être composé le conseil de famille? — A défaut de parents en nombre suffisant dans la commune ou à deux myriamètres de distance, comment doit se compléter le conseil de famille? — Qui peut dénoncer le fait qui doit donner naissance à une tutelle? — Est-on forcé d'accepter la tutelle déférée par le conseil de famille? — Qu'est-ce que le subrogé tuteur? — Dans quelles circonstances le subrogé tuteur doit-il assembler le conseil de famille pour nommer un nouveau tuteur? — Dans toute tutelle doit-il y avoir un subrogé tuteur? — Qui nomme le subrogé tuteur? — Quand cessent les fonctions du subrogé tuteur? — Qui peut être dispensé d'accepter une tutelle? — Quels sont ceux qui sont incapables d'être tuteurs? — Quels sont ceux qui sont exclus de la tutelle? — Quels sont les tuteurs qui peuvent être destitués? — Qui peut destituer un tuteur? — Le tuteur destitué peut-il appeler de cette décision en justice? — Le tuteur n'est-il pas appelé à exercer les droits civils du pupille? — Comment le tuteur doit-il administrer les biens de son pupille? — Comment le tuteur doit-il administrer la personne du pupille? — Quels actes ne peut pas faire le tuteur sans l'autorisation du conseil de famille? — Quand le tuteur, en général, est-il obligé de remettre au subrogé tuteur des états de gestion? — Quand le tuteur doit-il rendre ses comptes à son pupille? — Combien de temps la loi accorde-t-elle au mineur devenu majeur pour faire à son tuteur ses réclamations pour des faits de tutelle? 35.

Section 3. — *De l'émancipation.* (C. c., 476-487.)

Qu'est-ce qu'un mineur émancipé? — Quels droits l'émancipation donne-t-elle au mineur? — De combien de

manières un mineur peut-il être émancipé? — Comment a
lieu l'émancipation par le mariage? — Comment a lieu
l'émancipation du père ou de la mère, et à quel âge? — A
quel âge peut avoir lieu l'émancipation accordée par le
conseil de famille? — Qui nomme-t-on au mineur émancipé
pour le surveiller? — Qu'est-ce qu'un curateur? — Qu'arrive-t-il si un mineur abuse de son émancipation?          41

## CHAPITRE VII.

Section 1<sup>re</sup>. — *De la majorité*. (C. c., 488.)

Qu'est-ce que la majorité? — A quel âge est-elle ordinairement fixée?                                               42

Section 2. — *De l'interdiction*. (C. c., 489-512.)

Qu'est-ce que l'interdiction? — Quelles sont les deux
sortes d'interdictions? — Qu'est-ce que l'interdiction légale?
— Qu'est-ce que l'interdiction judiciaire? — Qui doit-on
interdire judiciairement? — Qui peut demander l'interdiction judiciaire d'une personne? — Que doit indiquer la
demande d'interdiction? — Que fait le tribunal de première
instance à la suite de la demande et après avoir entendu le
procureur du roi? — Quand l'avis du conseil de famille est
connu, que fait encore le tribunal? — La personne que l'on
veut interdire peut-elle s'y opposer ou se défendre? — La
personne interdite en première instance peut-elle en appeler
en cour royale? — Quand le jugement d'interdiction est
définitif, que fait le conseil de famille? — Quand le tuteur
n'est ni époux, ni ascendant, ni descendant de l'interdit,
au bout de quel temps peut-il demander à être remplacé?
— Quelles sont les obligations de ce tuteur? — Ne doit-on
pas publier le jugement d'interdiction? — Quand les causes
qui ont fait prononcer l'interdiction n'existent plus, qu'arrive-t-il? — Quelles formalités observe-t-on pour lever
l'interdiction?                                            43

Section 3. — *Du conseil judiciaire*. (C. c., 513-515.)

Qui appelle-t-on conseil judiciaire? — A qui donne-t-on
un conseil judiciaire? — Quels actes ne peut faire la personne soumise à un conseil judiciaire? — Quelles personnes

peuvent présenter la demande d'un conseil judiciaire? — De quelle manière cette demande doit-elle être instruite et jugée? — Le jugement qui nomme à quelqu'un un conseil judiciaire doit-il être publié? 44

---

# LIVRE DEUXIÈME.

## CHAPITRE I<sup>er</sup>.

### Section 1<sup>re</sup>. — *Des biens.*

Comment une chose peut-elle devenir un bien? — Un animal sauvage qui court sur la terre ou vole dans les airs est-il un bien? 46

### Section 2.—*De la distinction des biens.* (C. c., 516-536.)

Comment tous les biens sont-ils divisés? — Que signifient les mots immeuble et meuble? — N'y a-t-il pas une autre division des biens? — Qu'est-ce qu'un bien corporel? — Qu'est-ce qu'un bien incorporel? — De combien de manières les immeubles sont-ils tels? — Qu'appelez-vous immeubles par leur nature? — Qu'appelez-vous immeubles par destination? — Qu'appelez-vous immeubles par l'objet auquel ils s'appliquent? — Combien distingue-t-on de sortes de biens meubles? — Qu'appelez-vous meubles par leur nature? — Qu'appelez-vous meubles par la détermination de la loi? 46

### Section 3. — *Des biens dans leur rapport avec ceux qui les possèdent.* (C. c., 537-543.)

Comment divise-t-on les biens considérés par rapport à ceux qui les possèdent? — Qu'entendez-vous par biens nationaux? — Qu'entendez-vous par biens communaux? — Qu'entendez-vous par biens patrimoniaux? — N'y a-t-il pas d'autres biens qui ne sont ni nationaux, ni communaux, ni patrimoniaux? — Quels sont, de ces quatre sortes de biens, ceux qui sont réglés par la loi civile? 48

## CHAPITRE II.

**Section 1re. — *De la propriété.* (C. c., 544-546.)**

Définissez la propriété. — Qu'est-ce que jouir d'un bien?
— Qu'est-ce que disposer d'un bien? — Quand la propriété
est-elle parfaite?—Quand la propriété est-elle imparfaite?
— En vertu de quel droit jouit-on de ce que rapporte un
bien, et de ce qui vient s'unir et s'incorporer à un bien? 49

**Section 2. — *Du droit d'accession.* (C. c., 547-577.)**

Qu'est-ce que le droit d'accession? — Combien y a-t-il
d'espèces de droit d'accession? — Comment appelez-vous ce
que les biens peuvent produire? — Qu'entendez-vous par
fruits naturels de la terre? — Qu'entendez-vous par fruits
industriels de la terre? — Qu'entendez-vous par fruits
civils? — Qu'est-ce que le croît des animaux? — En vertu
de quel droit ce qui vient s'unir ou s'incorporer à un bien
appartient-il au propriétaire de ce bien?—A combien d'objets a rapport ce qui vient s'unir ou s'incorporer à un bien
immeuble? — Nommez ces objets. — Que savez-vous sur
les plantations et constructions faites par quelqu'un sur la
propriété d'une autre personne? — Qu'appelez-vous alluvions? — A qui appartiennent ces alluvions? — Que savez-
vous quant aux îles ou îlots qui viennent à se former dans
les fleuves et rivières navigables ou flottables, ou qui ne
sont ni navigables ni flottables? — Qu'entendez-vous par
ces mots navigable ou flottable?— Que savez-vous concernant les pigeons, les lapins et les poissons qui passent d'un
colombier, d'une garenne, d'un étang, dans un autre colum-
bier, une autre garenne, un autre étang? — Quand deux
choses mobilières, appartenant à deux propriétaires différents, viennent à se mélanger ou à s'unir ensemble, quelles
règles doit-on suivre pour décider à qui appartiendra le
tout par droit d'accession? — Citez un exemple. 50

## CHAPITRE III.

**Section 1re. — *Des démembrements de la propriété.***

Quels sont les quatre principaux démembrements de la

propriété? — Qu'entendez-vous par démembrement de la
propriété?                                                   53

### Section 2. — *De l'usufruit* (C. c., 578-624.)

Qu'est-ce que l'usufruit? — Comment se nomme celui
qui a l'usufruit? — Comment se nomme celui dont la propriété est soumise à l'usufruit? — Comment l'usufruit
peut-il s'établir? — Pour combien de temps l'usufruit peut-
il être établi? — Sur quelles espèces de biens l'usufruit
peut-il s'établir? — Peut-on céder son droit d'usufruit à
une autre personne? — Quelles sont les principales obligations imposées à l'usufruitier avant d'entrer en jouissance?
pendant la jouissance? après la jouissance? — De combien
de manières l'usufruit peut-il finir?—Nommez-les.        54

### Section 3. — *De l'usage.* (C. c., 625-636.)

En quoi consiste le droit d'usage? — Quelles sont les
obligations auxquelles l'usager est soumis?—Comment peut
finir le droit d'usage? — Peut-on céder à une autre personne son droit d'usage?                                     55

### Section 4. — *De l'habitation.*

En quoi consiste le droit d'habitation? —A quelles obligations est soumise la personne qui a un droit d'habitation?
— Peut-on céder son droit d'habitation à une autre personne?                                                        56

### Section 5. — *Des servitudes.* (C. c., 637-710.)

Qu'est-ce qu'une servitude? — Dans quel but les servitudes ont - elles été créées? — Comment nommez - vous
l'héritage auquel est due la servitude? — Comment nom-
mez-vous l'héritage qui doit la servitude?—Qu'entendez-
vous par le mot héritage dans le sens où il vient d'être
employé? — Quelles sont les trois origines des servitudes?
—A quels objets ont rapport les servitudes qui dérivent de
la situation des lieux? — Que savez-vous sur l'écoulement
naturel des eaux d'un fonds supérieur à un fonds inférieur?
—Que savez-vous quant aux sources qui prennent naissance dans un fonds? — Que savez-vous quant aux eaux

courantes qui ne sont ni navigables ni flottables? — Que savez-vous quant au bornage des propriétés? — Que savez-vous quant à la clôture des héritages? — Quelles sont les servitudes que règle la loi civile? — A quels objets ont rapport les servitudes réglées par la loi civile pour l'usage des particuliers? — Que présume la loi quant aux murs qui séparent deux bâtiments jusqu'à l'héberge, entre cours et jardins, entre enclos dans les champs? — Que nomme-t-on héberge? — A quoi s'applique le mot mitoyen? — A quelle marque, à défaut de titre, reconnaît-on si un mur de clôture est mitoyen ou non mitoyen? une haie? un fossé? — A quelle distance de la limite de votre héritage pouvez-vous planter des arbres de haute tige et les autres arbres de moindre grandeur? — Quels sont les ouvrages que l'on ne peut faire près d'un mur, mitoyen ou non, sans se conformer aux règlements particuliers sur ces objets? — Peut-on pratiquer une ouverture quelconque dans un mur mitoyen? — Si le mur n'est pas mitoyen, peut-on prendre du jour chez le voisin? — Peut-on prendre une vue par une fenêtre? — Comment un propriétaire doit-il disposer le toit de sa maison? — Quel est le droit du propriétaire dont l'héritage est enclavé par d'autres héritages appartenant à d'autres propriétaires? — Comment nommiez-vous les servitudes qui peuvent être établies par la volonté de l'homme? — Qu'appelez-vous servitudes urbaines? rurales? continues? discontinues? apparentes? non apparentes? — Comment les servitudes continues et apparentes peuvent-elles s'établir? — Comment les servitudes continues, mais non apparentes, ainsi que les servitudes discontinues, apparentes ou non apparentes, peuvent-elles s'établir? — Quelle est la principale obligation de celui qui doit la servitude et de celui à qui elle est due? — Comment s'éteignent les servitudes, et même la manière d'en user?		56

# LIVRE TROISIÈME.

## CHAPITRE Ier.



## CHAPITRE II.

### Section 4. — *De l'ouverture des successions.*
#### (C. c., 718-722.)

Comment s'ouvrent les successions? — Quand deux ou plusieurs personnes appelées à succéder les unes aux autres viennent à périr dans un même événement, comment fait-on pour savoir celle qui a dû mourir la première? — Citez quelques exemples. 68

### Section 5. — *Des qualités requises pour succéder.*
#### (C. c., 725-730.)

Quelles sont les conditions indispensables pour succéder? — Quels sont ceux qui sont incapables de succéder? — Quels sont ceux qui sont indignes de succéder? 69

### Section 6. — *Des divers ordres de succession.*
#### (C. c., 723, 724, 731-738, 745-773.)

Comment nomme-t-on ceux qui succèdent aux biens d'une personne? — Quelles sont les deux espèces d'héritiers? — Qu'entendez-vous par héritiers légitimes? — Qu'entendez-vous par héritiers institués? — Quelles sont les deux sortes de successions déférées aux héritiers légitimes? — Qu'appelez-vous successions régulières? — Comment se partage la succession dévolue aux enfants du défunt? — Comment se partage la succession déférée aux ascendants? — Si une personne décédée n'a laissé que des frères ou des sœurs, et des ascendants autres que le père et la mère, comment se partage la succession? — Si la personne décédée n'avait point de postérité, mais son père et sa mère, et des frères ou sœurs ou descendants d'eux, comment se partage la succession? — S'il n'existe plus que le père ou la mère, et des frères ou sœurs, ou descendants d'eux, qu'arrive-t-il quant au partage de la succession? — Qu'appelez-vous successions irrégulières? — Jusqu'à quel degré de parenté peut-on succéder les uns aux autres? — Quand une succession est-elle dévolue aux enfants naturels? — Quand est-elle dévolue à l'époux survivant? — Quand est-elle dévolue à l'Etat? — De quelle manière les successeurs réguliers sont-ils saisis des biens de la succession? — De quelle manière les successeurs irréguliers peuvent-ils être saisis des biens de la succession? 69

Section **7**. — *De l'acceptation et de la répudiation des successions.* (C. c., 774-814.)

Quand une succession vous est échue, pouvez-vous refuser de l'accepter ? — Si votre intention est de répudier une succession, que devez-vous faire ? — Combien y a-t-il d'espèces d'acceptation d'une succession ? — Qu'arrive-t-il quand on accepte une succession purement et simplement ? — Qu'arrive-t-il quand on accepte la succession sous bénéfice d'inventaire ? 71

Section **8**. — *Du partage d'une succession, du payement des dettes et de la rescision en matière de partage.* (C .., 815-892.)

Peut-on obliger les cohéritiers à procéder au partage de la succession ? — Cependant ne peut-on pas convenir de demeurer dans l'indivision, et dans ce cas pour combien de temps ? — Dans quelle proportion les héritiers doivent-ils prendre part aux dettes de la succession ? — Quand le partage est opéré, par quelle cause peut-il être rescindé ou annulé ? 72

## CHAPITRE III.

Section **1ʳᵉ**. — *Des donations entre vifs et des testaments.* (C. c., 893-930.)

Quels sont les deux moyens de disposer de son bien à titre gratuit, c'est-à-dire sans rien recevoir en retour ? — Qu'est-ce que la donation entre vifs ?—Comment se nomme celui qui donne ? celui qui reçoit ? — Qu'est-ce que le testament ? — Comment se nomme celui qui fait le testament ? celui qui reçoit par testament ? 73

Section **2**. — *Règles particulières aux donations entre vifs.* (C. c., 931-966.)

Par-devant qui doivent être passés les actes portant donation entre vifs ? — Si une donation est faite sous une condition dont l'exécution dépend de la seule volonté du donateur, qu'arrive-t-il ? — Pour quelles causes exceptionnelles une donation entre vifs peut-elle être révoquée ? 74

## Section 3. — *Règles particulières aux testaments.*
### (C. c., 967-1047.)

Combien y a-t-il d'espèces de testaments ? — Nommez-les. — Qu'est-ce que le testament olographe ? — Qu'est-ce que le testament par acte public ? — Qu'est-ce que le testament mystique ? — Quelles sont les trois manières de disposer de son bien par testament ? — Combien y a-t-il d'espèces de legs ? — Nommez-les. — Qu'est-ce que le legs universel ? — A qui le légataire universel doit-il demander la délivrance de son legs ? — Dans quelle proportion le légataire universel doit-il prendre part aux dettes et charges de la succession ? — Qu'est-ce que le legs à titre universel ? — A qui le légataire universel doit-il demander la délivrance de son legs ?—Le légataire à titre universel doit-il prendre part aux dettes de la succession ? — Qu'est-ce que le legs particulier ?—Le légataire particulier prend-il part aux dettes de la succession ? — Qu'est-ce qu'un exécuteur testamentaire ? — Chacun est-il apte à être exécuteur testamentaire ? — De combien de manières les dispositions testamentaires peuvent-elles être révoquées ? — Quand est-ce qu'une disposition testamentaire est caduque ?                    75

## CHAPITRE IV.

### Section 1re. — *Des contrats et obligations conventionnelles en général.* (C .c., 1101-1107.)

Comment définit-on le contrat ? — Qui appelle-t-on créancier ? — Qui appelle-t-on débiteur ? — Quand est-ce qu'un contrat est synallagmatique ou bilatéral ? unilatéral ? commutatif ? aléatoire ? de bienfaisance ou à titre gratuit ? à titre onéreux ?                    78

### Section 2. — *Des conditions indispensables à la validité des conventions.* (C. c., 1108-1133.)

Quelles sont les quatre conditions indispensables à la validité des conventions ?                    79

### Section 3. — *De l'effet des obligations.* (C. c., 1134-1167.)

Quelles sont les principales règles qui concernent l'obligation de donner ? — Quelle est la principale règle qui concerne l'obligation de faire ou de ne pas faire ?                    80

Section 4. — *Des principales espèces d'obligations.*
(C. c., 1168-1233.)

Quelles sont les principales espèces d'obligations? — Dans une obligation conditionnelle, qu'entend-on par condition? — Combien y a-t-il de sortes de conditions? — Quand une condition est-elle suspensive? — Quand une condition est-elle résolutoire? — Qu'est-ce que le terme dans une obligation? — Quand y a-t-il obligation alternative? — Quand y a-t-il obligation solidaire? — Quand y a-t-il obligation avec clause pénale?　　　80

Section 5. — *De l'extinction des obligations.*
(C. c., 1234-1314.)

Quels sont les dix moyens à l'aide desquels les obligations cessent d'exister? — Qu'est-ce que le payement? la novation? la remise volontaire de la dette? la compensation? la confusion? la perte de la chose? la nullité ou rescision? l'effet de la condition résolutoire? la prescription? le consentement mutuel des parties contractantes?　　　82

Section 6. — *De la preuve des obligations et de leur payement.* (C. c., 1315-1369.)

Que doit prouver celui qui demande l'exécution d'une obligation? — Que doit prouver celui qui se prétend libéré d'une obligation? — Quelles sont les cinq manières de prouver l'existence d'une obligation ou son payement? — Qu'est-ce que la preuve littérale? — Qu'est-ce que la preuve testimoniale? — Jusqu'à quelle somme la preuve testimoniale est-elle admise en matière civile? — Qu'appelez-vous présomptions? — Qu'est-ce que l'aveu de la partie? — Qu'est-ce que le serment?　　　83

## CHAPITRE V.

Section 1re. — *Des engagements qui se forment sans convention.* (C. c., 1371-1386.)

Nommez les trois sortes d'engagements qui se forment sans convention. — Qu'appelez-vous quasi-contrat? — Qu'est-ce qu'un délit? — Qu'est-ce qu'un quasi-délit? —

A quoi est-on obligé quand on a commis un délit ou un quasi-délit? 84

Section 2. — *Du contrat de mariage*. (C. c., 1387-1581.)

Qu'appelle-t-on dot? — Qu'est-ce que le contrat de mariage? — Quelles sont les deux principales manières de se marier quant aux biens? — Comment définit-on le régime de la communauté? — Quelles sont les deux espèces de communauté? — Quand est-on marié sous le régime de la communauté légale?— Quand est-on marié sous le régime de la communauté conventionnelle? — Que résulte-t-il, quant à l'administration des biens, du mariage sous le régime de la séparation de biens? — Dans quelle proportion, sous le régime de la séparation de biens, les époux doivent-ils contribuer aux charges du ménage? 85

Section 3. — *Du contrat de vente*.(C. c., 1582-1701.)

Qu'est-ce que le contrat de vente? — Le contrat de vente est-il moins ancien que le contrat d'échange? — Un contrat de vente peut-il être fait verbalement? — Quelles sont les diverses dénominations que peut porter le contrat de vente? — Quand la vente est-elle parfaite entre les parties, mais à leur égard seulement? — A la charge de qui sont les frais d'actes et autres accessoires? — Quels sont ceux qui peuvent acheter et vendre? — Quelles sont les choses qui peuvent être vendues? — Peut-on vendre la chose d'autrui?— Peut-on vendre la succession d'une personne encore vivante?—Qu'arrive-t-il si, au moment de la vente, la chose qui en fait l'objet est totalement périe?— Quelles sont les deux principales obligations du vendeur? — Qu'est-ce que la délivrance de la chose vendue? — Qu'est-ce que la garantie? — Quelle est la principale obligation de l'acheteur? — Quand doit se faire le payement de la chose vendue et où doit se faire ce payement? — Indépendamment des causes de nullité communes à tous les contrats, comment la vente peut-elle être encore résolue? — Quand y a-t-il faculté de rachat ou vente à réméré? — Pour combien de temps peut-on stipuler la faculté de rachat? — Quand y a-t-il lésion ou vilité de prix? 86

### Section 4. — *Du contrat d'échange.* (C. c., 1702-1707.)

Définissez le contrat d'échange. — Comment s'opère ce contrat? — Peut-il être rescindé ou annulé pour cause de lésion ?                                                                                        89

### Section 5. — *Du contrat de louage.* (C. c., 1708-1831.)

Définissez le contrat de louage. — Qu'est-ce que le bailleur ou locateur ? — Comment se nomme celui à qui on loue ? — Combien compte-t-on de sortes de contrats de louage ? — Quelles choses peut-on louer ? — Quelle sorte de louage les règles de la loi civile concernent-elles, quant au louage des choses ? — Comment se nomme le louage des maisons et des meubles ? — Comment se nomme le louage des héritages ruraux ? — Comment se nomme le louage des bestiaux ? — Le bail à loyer peut-il être fait par écrit ou verbalement ? — Qu'arrive-t-il si le bail est fait par écrit ? — Qu'arrive-t-il si le bail est fait verbalement et s'il y a contestation sur l'existence du bail ? — Et s'il y a contestation sur le prix ? — Et s'il y a contestation sur la durée du bail ? — Un locataire peut-il sous-louer ? — Quelles sont les principales obligations du bailleur ou locateur ? — Quelles sont les principales obligations du preneur ? — Le bail à ferme peut-il, comme le bail à loyer, se faire par écrit ou verbalement ? — Si le bail à ferme a été fait verbalement, et s'il y a contestation sur l'existence du bail ou sur le prix, qu'arrive-t-il ? — S'il n'existe point de conventions pour la durée du bail à ferme, pour quel temps le bail est-il censé fait ? — Le preneur à ferme a-t-il le droit de sous-louer ? — Qu'est-ce que le bail à cheptel? — Que peut-on donner à cheptel ? — Qu'est-ce que le cheptel simple ou ordinaire ? — Qu'est-ce que le cheptel à moitié ? — Qu'est-ce que le cheptel donné par le propriétaire à son fermier ? — Quelles sont les trois espèces principales de louage d'ouvrage et d'industrie ? — Quelles sont les principales règles qui concernent le louage des gens de travail ? — Quelles sont les principales règles qui concernent le louage des voituriers ou des maîtres de bateaux ? — Quelles sont les principales règles qui concernent le louage des

Section 10. — *Des contrats aléatoires.* (C. c., 1964-1983.)

Définissez le contrat aléatoire. — Qu'est-ce que le jeu? —Qu'est-ce que le pari?—A-t-on action en justice pour se faire payer de ce que l'on a gagné au jeu ou par suite de pari? — Si celui qui a perdu par suite du jeu ou du pari a payé, peut-il se faire rendre en justice ce qu'il a une fois donné? — Outre le jeu et le pari, connaissez-vous quelques autres contrats aléatoires?　　　　　　　　　　　98

## CHAPITRE VI.

### Section 1re. — *Du mandat.* (C. c., 1984-2010.)

Qu'est-ce que le mandat? — Comment se nomme celui qui donne le mandat? celui qui l'accepte? — Comment se nomme l'acte en lui-même? — De combien de manières peut-on donner le mandat? — Qu'est-ce qu'un mandat spécial?— Qu'est-ce qu'un mandat général? — Le mandataire peut-il agir au delà de ce qu'exprime le mandat?—Chacun peut-il accepter un mandat? — Comment peut finir le mandat?　　　　　　　　　　　99

### Section 2. — *Du cautionnement.* (C. c., 2011-2043.)

Définissez le cautionnement. — Quel est le but du cautionnement? — Le cautionnement peut-il excéder le montant de ce qui est dû?—Peut-il être moindre?—Comment s'éteint l'obligation qui résulte du cautionnement?　　100

### Section 3. — *De la transaction.* (C. c., 2044-2058.)

Qu'est-ce que la transaction? — Quel est le but de la transaction? — Chacun peut-il transiger?　　　　　100

### Section 4.—*De la contrainte par corps.* (C. c., 2059-2070.)

Qu'appelez-vous contrainte par corps? — Le juge en matière civile est-il libre de prononcer la contrainte par corps quand bon lui semble?　　　　　　　　　101

### Section 5.—*De l'expropriation forcée.* (C. c., 2204-2218.)

Qu'est-ce que l'expropriation forcée en matière civile? —

# DROIT COMMERCIAL.

## LIVRE PREMIER.

### CHAPITRE I<sup>er</sup>.

Section 1<sup>re</sup>. — *Des commerçants.* (C. de com., art. 1.)

En quoi consiste le commerce ? — Qu'entendez-vous par marchaudises ? — Qu'est-ce que le commerçant ? — Combien distinguez-vous de classes de commerçants ? — Qu'est-ce qu'un négociant ? — Qu'est-ce qu'un banquier ? — Qu'est-ce qu'un manufacturier ou fabricant ? — Qu'est-ce qu'un marchand, aux yeux de la loi commerciale?     106

Section 2. — *Qui peut être commerçant.* (C. de com., 2-7.)

Chacun peut-il être commerçant ? — Quelles sont principalement les personnes auxquelles la loi ne permet pas la profession de commerçant ? — De qui faut-il que la femme mariée soit autorisée pour pouvoir être commerçante ? — Quelles sont les quatre conditions imposées au mineur qui veut devenir commerçant ?     107

• Section 3. — *De certaines obligations imposées par la loi aux commerçants.* (C. de com., 8-17.)

Quelles obligations la loi impose-t-elle aux commerçants? — Que doit présenter le livre journal d'un commerçant ? — Quelle formalité doit remplir le commerçant, chaque année, avant de se servir de son livre journal ? — A quoi sert le livre de copies de lettres ? — Ce livre doit-il être visé et paraphé à chaque feuillet ? — Que doit faire le commerçant des lettres de commerce qu'il reçoit ? — Qu'est-ce que l'inventaire du commerçant ? — Quel est le but de l'inventaire ? — Quel est l'avantage que le commerçant peut retirer de la tenue régulière des registres exigés par la loi ?     108

# CHAPITRE II.

Section 6. — *De certaines formalités relatives au mariage des commerçants.* (C. de com., 65-70.)

Que doit faire le notaire qui reçoit le contrat de mariage d'un commerçant? — Dans quelles autres circonstances les conventions matrimoniales du commerçant doivent-elles être publiées? 114

## CHAPITRE III.

Section 1re.—*Des bourses de commerce.* (C. de com., 71-73.)

Qu'appelle-t-on bourse de commerce? — Où sont établies les bourses de commerce? — Dans quelle vue sont-elles établies? — Qu'est-ce que l'on constate à la bourse, par suite des opérations qui s'y font? — Chacun peut-il entrer dans une bourse de commerce? 115

Section 2. — *Des agents de change.* (C. de com., 74-76.)

Que sont les agents de change? — De quoi les agents de change ont-ils seuls le droit de constater le cours? — Dans quelles villes sont établis les agents de change? — Par qui sont-ils nommés? — Que faut-il pour pouvoir être nommé agent de change? 115

Section 3. — *Des courtiers royaux.* (C. de com., 77-80.)

Que sont les courtiers royaux? — Par qui sont nommés les courtiers royaux, et dans quelles villes?—Quelles conditions faut-il réunir pour pouvoir être nommé courtier royal? — Combien compte-t-on d'espèces de courtiers? — Que font les courtiers de marchandises? les courtiers d'assurances? les courtiers interprètes et conducteurs de navires? — Que font les courtiers pour le transport par terre et par eau? 116

Section 4. — *Règles communes aux agents de change et aux courtiers royaux.* (C. de com., 81-90.)

Qu'est-ce que la loi commerciale défend expressément aux agents de change et aux courtiers royaux? — Leur est-il permis de percevoir un droit de courtage pour les opérations qu'ils ont fait faire?—Si un agent de change ou un courtier vient à tomber en faillite, qu'arrive-t-il? — Une même personne peut-elle réunir les fonctions d'agent de change, de courtier de marchandises, d'assurances, d'interprète et conducteur de navires? — Le courtier pour le transport par terre et par eau a-t-il la même faculté? — Celui qui a fait faillite peut-il être agent de change ou courtier? — Que doivent inscrire les agents de change et les courtiers sur le livre journal qu'ils sont obligés de tenir? — Que peut-il résulter, pour les agents de change et les courtiers, des infractions aux obligations qui leur sont imposées? — L'agent de change ou le courtier, qui aurait été destitué peut-il être réintégré dans ses fonctions?  117

## CHAPITRE IV.

Section 1re. — *Des commissionnaires en marchandises.*
(C. de com., 91-95.)

Qu'est-ce que le commissionnaire en marchandises? — Qui nomme-t-on commettant? — Quelle différence essentielle existe-t-il entre le commissionnaire et le mandataire ordinaire? — Quand est-ce que le commissionnaire répond des débiteurs auxquels il a vendu des marchandises? — Quels sont les droits du commissionnaire sur le produit de la vente des marchandises? — A-t-il la même préférence si les marchandises, n'étant pas encore vendues, sont néanmoins à sa disposition ou s'il peut prouver qu'elles lui ont été expédiées?  119

Section 2. — *Des commissionnaires pour le transport des marchandises.* (C. de com., 96-100.)

Définissez les commissionnaires pour le transport des marchandises. — De quoi sont-ils garants? — Quand est-ce que cette garantie n'a pas lieu? — Que doivent inscrire les commissionnaires de roulage sur le livre journal qu'ils sont obligés de tenir? — Ce livre journal doit-il être coté, visé et paraphé comme le livre journal d'un commerçant?  120

Section 3. — *Des voituriers par terre et par eau.*
(C. de com., 103-108.)

Les voituriers, les maîtres de bateaux et les entrepreneurs de voitures publiques sont-ils garants des marchandises et objets qui leur sont confiés? — Quand ne sont-ils pas garants? — Sont-ils garants du retard apporté à l'arrivée des objets? — Quand cette garantie n'a-t-elle pas lieu?—A-t-on encore action contre le voiturier, si on reçoit les marchandises et si on paye le prix du transport? — Si, à leur arrivée, les objets transportés sont refusés, ou s'il y a contestation pour leur réception, que doit-il être fait? **121**

Section 4.—*De la lettre de voiture.* (C. de com., 101-102.)

Qu'est-ce que la lettre de voiture? — Quelle est la forme de la lettre de voiture? — Que doit faire le commissionnaire de roulage avant de délivrer une lettre de voiture à un voiturier? **121**

## CHAPITRE V.

Sections 1 et 2.—*Des achats et des ventes; des moyens de les constater.* (C. de com., 109.)

Quels sont les moyens de prouver la vente et l'achat en matière commerciale? — Pourquoi ces moyens sont-ils plus nombreux qu'en matière civile? **122, 123**

## CHAPITRE VI.

Section 1re.—*De la lettre de change.*(C. de com., 110-186.)

Qu'est-ce que la lettre de change? — Quelle est l'utilité des lettres de change? — Quel est le principal caractère de la lettre de change? — Quelle est la forme de la lettre de change? — Qu'est-ce que le tireur d'une lettre de change? le preneur? — Qu'est-ce que le tiré? — Que devient le tiré quand il accepte une lettre de change?— Si le preneur transmet sa lettre de change à un autre, que devient-il? — Quel nom prend celui à qui la lettre est ainsi transmise? — Jusqu'à quel moment le porteur conserve-t-il cette dénomination? — Quels sont les objets à considérer dans la négociation d'une lettre de change?— Qu'est-ce que la provision? — Que fait supposer l'acceptation d'une lettre de change?—Qu'est-ce que l'acceptation? —Comment s'exprime l'acceptation? — L'acceptation doit-elle être datée?—L'acceptation peut-elle être conditionnelle?

— L'acceptation peut-elle être moindre que le montant de la lettre de change? — Quand doit être acceptée une lettre de change? — Comment doit être constaté le refus d'acceptation? — De quoi le tireur et les endosseurs d'une lettre de change sont-ils garants solidaires? — Qu'est-ce que l'acceptation par intervention? — Quand peut avoir lieu l'acceptation par intervention? — Que doit faire l'intervenant après son intervention? — Le porteur d'une lettre de change perd-il quelqu'un de ses droits sur le tireur et les endosseurs quand il y a acceptation par intervention? — Qu'est-ce que l'échéance? — Quand doit être acquittée une lettre de change payable simplement à vue? — Si la lettre de change est payable à un ou plusieurs jours, mois, ou à une ou plusieurs usances de vue, comment compte-t-on pour fixer le jour où elle doit être payée? — Si la lettre de change est à un ou plusieurs jours, mois, ou à une ou plusieurs usances de date, à partir de quel jour compte-t-on? — N'y a-t-il pas quelques autres manières d'indiquer quand devra être payée une lettre de change, si elle n'a pas été tirée à tant de vue ou de date? — Qu'entendez-vous par le mot *usance?* — Qu'est-ce que l'endossement? — Pourquoi nomme-t-on cet acte endossement? — Que faut-il pour que l'endossement puisse transporter valablement la propriété de la lettre de change? — Que résulte-t-il de la solidarité dans une lettre de change? — Qu'est-ce que l'aval? — Comment peut être donnée la garantie d'aval? — De quelle manière se trouve obligé le donneur d'aval? — Qu'est-ce que le payement d'une lettre de change? — Comment doit-on effectuer ce payement? — Qu'arrive-t-il à celui qui paye une lettre de change avant son échéance? — Le porteur d'une lettre de change peut-il être forcé d'en recevoir le montant avant l'échéance? — Dans quelles circonstances est-il permis de mettre opposition au payement d'une lettre de change? — Quand une lettre de change vient à être perdue et qu'elle n'est point acceptée, que peut faire le propriétaire de la lettre? — Que faut-il pour que le payement fait sur une seconde, sur une troisième lettre de change soit valable? — Que doit faire encore celui qui paye sur une seconde, une troisième lettre, pour se libérer à l'égard du tiers porteur d'une lettre de change déjà acceptée? — Quand des à-compte ont seulement été donnés sur le montant d'une lettre de change, que doit faire le porteur? — Les juges peuvent-ils accorder un délai pour le payement d'une lettre de change? — Quand peut avoir lieu le payement par intervention? — Où doit-on constater l'intervention et le payement? — Quelle est la position de l'intervenant à l'égard du porteur? — Qui nomme-t-on intervenant? — Qu'arrive-t-il quand le payement par intervention est fait pour le compte du tireur? — Et quand il est fait pour le compte d'un endosseur? — Quand le porteur d'une lettre de change doit-il en exiger l'acceptation ou le payement? — Si le porteur laisse passer le délai fixé par la loi sans exiger l'acceptation ou le payement qu'arrive-t-il? — Quand le porteur d'une lettre de change doit-il en exiger le payement? — S'il y a refus de payer, que doit faire le porteur?— Contre quelles personnes le porteur d'une lettre de change protestée faute de payement peut-il exercer son action en garantie ou son recours? — L'action en garantie est-elle aussi accordée à chacun des endosseurs à l'égard du tireur et des autres endosseurs? — Qu'arrive-t-il si on n'exerce pas son recours ou son action en garantie de la manière et dans les délais indiqués par la loi?—Que nomme-t-on protêt? — Comment doit être fait l'acte de protêt? — Par qui peut être fait le protêt? — Où doit être fait l'acte de protêt? — Y a-t-il quelque autre acte qui puisse tenir lieu de protêt? — Qu'est-ce que le rechange? —Qu'est-ce que la retraite? — De quoi doit être accompagnée la retraite? — Que nomme-t-on compte de retour? — Comment est remboursé le compte de retour?                123

Section 2. — *Du billet à ordre.* (C. de com., 187-188.)

Définissez le billet à ordre. — Toutes les dispositions relatives aux lettres de change sont-elles applicables aux billets à ordre? — Quelles sont les exceptions? — Quelle est la forme du billet à ordre?                132

Section 3. — *De la prescription des lettres de change et des billets à ordre.* (C. de com., 189.)

Après quel laps de temps y a-t-il prescription pour les actions relatives aux lettres de change et aux billets à ordre souscrits par des commerçants ou pour faits de commerce? — Qu'appelez-vous action dans ce cas? 133

# LIVRE DEUXIÈME.

## DU COMMERCE MARITIME.

### CHAPITRE Ier.

Section 1re. — *Des navires et autres bâtiments de mer.* (C. de com., 190-196.)

Que doit-on entendre par navires et autres bâtiments de mer? — Comment s'apprécie la contenance ou la capacité d'un navire? — Que représente le tonneau par rapport à un navire? — Comment nomme-t-on le corps du navire? — A quoi servent les mâts d'un navire? — Qu'entendez-vous par agrès et apparaux? — Dans quelle classe de biens sont rangés les navires et autres bâtiments de mer? — Comment la vente volontaire d'un navire doit-elle être faite? 134

Section 2. — *De la saisie et de la vente des navires.* (C. de com., 197-215.)

Un bâtiment de mer peut-il être saisi et vendu par autorité de justice, sur la poursuite d'un ou de plusieurs créanciers du propriétaire du bâtiment? — Un navire prêt à faire voile est-il saisissable? — Dans ce cas, peut-on empêcher la saisie? — La vente d'un navire par autorité de justice fait-elle cesser les fonctions du capitaine? — Dans quel délai l'acquéreur d'un navire vendu par autorité de justice doit-il en payer le prix? — A défaut de payement ou de consignation, qu'arrive-t-il? 135

Section 3. — *Des propriétaires de navires.* (C. de com., 216-220.)

A qui donne-t-on le nom d'armateur? — Le propriétaire d'un navire est-il responsable des faits du capitaine et des

gens de l'équipage? — Qu'appelez-vous lettre de marque ?
— Le propriétaire d'un navire peut-il congédier le capitaine?                                     136

## CHAPITRE II.

### Section 1re. — *Du capitaine.* (C. de com., 221-249.)

En matière de navigation, combien distingue-t-on d'espèces
de voyages? — Qu'appelez-vous voyages de long cours? —
Qu'est-ce que le grand cabotage? — Qu'est-ce que le petit
cabotage? — D'où le mot cabotage paraît-il venir? — A qui
donne-t-on le nom de capitaine? — Que faut-il pour devenir capitaine de navire? — Qui appelle-t-on maître ou patron? — Quelle est la responsabilité des capitaines, maîtres
ou patrons? — Quand cette responsabilité n'a-t-elle pas
lieu? — Comment se nomme la reconnaissance que doit faire
le capitaine des marchandises qu'on lui confie? — Le capitaine a-t-il toujours le droit de composer l'équipage du navire qu'il doit commander? — Que doit faire le capitaine
avant de faire charger le navire qu'il est chargé de conduire?
— A quoi est destiné le registre que le capitaine doit avoir
à bord de son bâtiment? — Quelles sont les autres pièces ou
actes que le capitaine doit encore avoir à bord du navire? —
Dans quelles circonstances le capitaine est-il obligé d'être
en personne sur son navire? — Si le capitaine ne se conforme
pas aux obligations qui lui sont imposées, qu'arrive-t-il? —
Lorsqu'un navire a besoin de radoub, de cordages, de voiles
et autres accessoires, ou bien s'il est nécessaire d'emprunter
de l'argent, le capitaine peut-il faire tout cela sans le consentement du propriétaire du navire? — Le capitaine peut-il
vendre le navire qu'il commande? — Dans un grand danger,
le capitaine peut-il abandonner le navire? — Que doit faire
le capitaine dans les vingt-quatre heures de son arrivée? 137

### Section 2. — *De l'engagement et du loyer des matelots et gens de l'équipage.* (C. de com., 250-272.)

Comment se constate l'engagement du capitaine et des
gens de l'équipage? — Que nomme-t-on rôle d'équipage?
— De quelles manières les matelots peuvent-ils se louer? —
Que faut-il entendre par l'engagement au mois? — Par

l'engagement au voyage ? —Qu'est-ce qu'un matelot? —Un novice ?—Un mousse ?—Comment un voyage peut-il être rompu ? —Quand peut-il être rompu? —Si le voyage projeté est rompu avant le départ du navire par la volonté du propriétaire, du capitaine ou de l'affréteur, qu'est-il dû aux matelots? — Si le voyage est rompu avant le départ par force majeure, qu'est-il dû aux matelots?—Si le voyage est rompu, le navire étant en route, par la volonté du propriétaire, du capitaine ou de l'affréteur, qu'est-il dû aux matelots?—Si, le navire étant en route, le voyage est rompu par force majeure, qu'est-il dû aux matelots? —Si le voyage est rompu par la prise du navire ou par la perte totale du navire et des marchandises, quelle est la position des matelots par rapport au loyer? — Quelle est la position du matelot, par rapport à son loyer et quant aux frais de maladie, s'il est malade pendant le voyage, ou s'il est blessé pour le service du navire?—Quel est le droit du matelot congédié par le capitaine sans cause valable? — Le capitaine peut-il congédier le matelot en pays étranger? — Les dispositions concernant les matelots sont-elles applicables au capitaine, aux officiers et autres gens de l'équipage? 141

## CHAPITRE III.

Section 1re. — *De la charte-partie, de l'affrétement ou nolissement.* (C. de com., 273-280.)

Quel est le contrat que l'on nomme charte-partie, affrétement ou nolissement? — D'où vient le mot affrétement? — Qui est le fréteur? — Qui est l'affréteur? — Les mots affrétement et nolissement signifient-ils la même chose? — Le contrat fait pour le louage d'un navire doit-il toujours être rédigé par écrit? — Que doit énoncer ce contrat? — Si, le contrat de louage étant passé et le navire chargé, il ne peut effectuer son voyage par force majeure, qu'arrive-t-il? Si le départ du navire n'est que suspendu, ou s'il y a retard, le navire étant en route, par force majeure, qu'arrive-t-il? — Quels objets sont le gage de l'affréteur pour l'exécution des conventions? — Quel est le gage du fréteur pour le payement de son fret? 144

Section 2. — *Du connaissement.* (C. de com., 281-285.)

Qu'est-ce que le connaissement? — En combien d'originaux doit être fait le connaissement, et pour qui ces originaux? — Le connaissement fait dans la forme voulue, entre quelles personnes fait-il foi? — Si le destinataire refuse au capitaine un reçu des marchandises mentionnées dans les connaissements, qu'arrive-t-il? — Quelle est la forme du connaissement?—Le connaissement peut-il être fait à ordre, au porteur ou à personne dénommée?—Quelle est la faculté du porteur, si le connaissement est fait à ordre?          146

Section 3. — *Du fret ou nolis.* (C. de com., 286-310.)

Quelle différence faites-vous entre l'affrétement ou nolissement et le fret ou nolis? — Comment peut s'effectuer principalement l'affrétement ou la location d'un navire? — Quand l'affréteur loue le navire en entier, qu'arrive-t-il? — Quand l'affrétement n'est que pour une partie du navire, qu'arrive-t-il? — Lorsque l'affrétement est fait au tonneau ou au poids, qu'arrive-t-il?—Si l'affrétement est fait à cueillette, qu'arrive-t-il? — Qu'entendez-vous par cueillette?          147

## CHAPITRE IV.

Section 1re. — *Des contrats à la grosse aventure.*
(C. de com., 311-331.)

Définissez le contrat à la grosse aventure. — Ce contrat n'est-il pas aléatoire? — Doit-il être toujours fait par écrit? — Que doit indiquer le contrat à la grosse aventure?— Sur quels objets les emprunts à la grosse peuvent-ils être effectués? — Si l'emprunt est fait sur le corps du navire, que faut-il entendre? — S'il est fait sur les agrès et apparaux? — S'il est fait sur l'armement et les victuailles? — S'il est fait sur le chargement, que peut-il arriver? — S'il est fait sur le navire, que peut-il arriver? — Le capitaine peut-il emprunter à la grosse dans le lieu où demeure le propriétaire? — Le prêt à la grosse peut-il se faire à ordre comme le connaissement? — Si le prêt à la grosse est fait à ordre, quelle est la faculté du porteur?          149

Section 2.—*Des contrats d'assurance.* (C. de com.,
332-396.)



## CHAPITRE V.

Section 1re. — *Des avaries.* (C. de com., 397-409.)



Section 2. — *Du jet et de la contribution.* (C. de com.,
410-429.)



Section 3.—*Des prescriptions.* (C. de com., 430-436.)

contrat à la grosse ou d'un contrat d'assurance, après quel temps est-elle prescrite? — L'action en demande de délivrance de marchandises, après quel temps depuis l'arrivée du navire est-elle prescrite? — Après quel temps sont prescrites les actions pour fret de navire; gages et loyers des officiers et matelots ou autres gens de l'équipage, après le voyage fini; fournitures de nourriture aux matelots par ordre du capitaine; fournitures de bois et autres choses nécessaires à la construction et à l'équipement du navire; pour salaires d'ouvriers et pour ouvrages faits?    156

<hr>

# LIVRE TROISIÈME.

## CHAPITRE I<sup>er</sup>.

Section 1<sup>re</sup>. — *De la faillite.* (C. de com., 437.)

Qu'est-ce que la faillite?    157

Section 2. — *De la déclaration de faillite et de ses effets.* (C. de com., 438-450.)

Sur quoi est rendu le jugement déclaratif de faillite? — Qu'est-ce qui fixe l'époque de la cessation des payements du failli? — Que doit faire le failli dans les trois jours de la cessation de ses payements? — De quoi la déclaration du failli doit-elle être accompagnée? — Qu'est-ce que le bilan? — Dans quels lieux doit être publié le jugement déclaratif de faillite? — Quels sont les principaux effets du jugement déclaratif de faillite?    157

Section 3. — *Du juge-commissaire.* (C. de com., 451-454.)

Comment est nommé le juge-commissaire? — De quoi est particulièrement chargé le juge-commissaire? — Le tribunal de commerce peut-il remplacer le juge-commissaire par un autre de ses membres?    159

Section 4. — *De l'apposition des scellés et des premières dispositions à l'égard du failli.* (C. de com., 455-461.)

Par qui est ordonnée l'apposition des scellés? — Par quoi est-il ordonné de s'assurer, s'il y a lieu, de la personne du

failli? — Par qui est effectuée l'apposition des scellés?
— En quoi consistent les scellés? — Sur quoi les scellés
sont-ils apposés? — Que doit adresser au procureur du roi le
greffier du tribunal de commerce après le jugement déclaratif de faillite?                                          159

Section 5. — *Des syndics provisoires, des syndics définitifs.* (C. de com., 462-478.)

Comment sont nommés les syndics provisoires? — Que
sont les syndics? — Que doit faire le juge-commissaire
après la nomination des syndics provisoires? — Sur quoi le
juge-commissaire consulte-t-il les créanciers présumés quand
ils ont été réunis? — Que doit-il être fait après cette réunion? — Sur le vu du procès-verbal de cette première réunion, que fait le tribunal de commerce? — Parmi quelles
personnes le tribunal peut-il choisir les syndics définitifs?
— Quand les syndics définitifs ont rendu compte de leur
gestion, peut-il leur être alloué une indemnité? — Qui doit
fixer cette indemnité? — Qui ne peut-on pas nommer syndics? — Qui décide sur les réclamations élevées contre les
syndics? — Peut-on appeler de cette décision du juge-
commissaire, et à quel tribunal? — Qui peut prononcer la
révocation d'un ou de plusieurs syndics? — Que doivent
faire les syndics si les scellés n'ont pas été apposés? —
Quels objets les syndics, sur l'autorisation du juge-commissaire, peuvent-ils ne pas faire mettre sous les scellés?
— Quels objets les syndics, sur l'autorisation du juge-commissaire, peuvent-ils faire extraire des scellés par le juge de
paix? — D'après l'état apparent de la faillite, si le failli a
été arrêté, que peut proposer le juge-commissaire? — Si le
juge-commissaire ne propose pas la mise en liberté du failli,
que peut faire celui-ci? — Qu'arrive-t-il quant aux lettres
adressées au failli? — Que peut obtenir le failli, sur son
actif, pour lui et sa famille? — Pour quelles raisons les
syndics peuvent-ils appeler le failli près d'eux?           160

## CHAPITRE II.

Section 1re. — *De la levée des scellés, de l'inventaire et de la vente.* (C. de com., 479-490.)

Après leur nomination ou leur maintien, que doivent faire les syndics quant aux scellés et à l'inventaire?—Pourquoi l'inventaire dressé par les syndics est-il fait en double? — Pourquoi les syndics doivent-ils remettre au juge-commissaire un mémoire sommaire de la faillite? — A qui ce mémoire sommaire est-il ensuite transmis par le juge-commissaire? — Quel est le droit des officiers du ministère public quant aux opérations de la faillite? — L'inventaire étant terminé, quels objets sont remis aux syndics? — Le juge-commissaire peut-il autoriser les syndics à vendre les effets mobiliers et les marchandises du failli? — Que fait-on des deniers provenant de la vente et des recouvrements? 162

Section 2. — *De la vérification des créances.* (C. de com., 491-503.)

A compter de quelle époque les créanciers peuvent-ils remettre les titres de leurs créances au greffier du tribunal ou aux syndics? — Les délais pour la remise des titres étant expirés, qu'arrive-t-il?— Le créancier dont la créance est vérifiée ou portée au bilan peut-il assister à la vérification des autres créances et les discuter? — Le failli a-t-il le même droit? — Devant qui le créancier dont la créance a été vérifiée doit-il affirmer qu'elle est sincère et véritable? — La créance étant admise, que doivent écrire les syndics sur le titre de la créance? — Que doit faire ensuite le juge-commissaire? 163

Section 3. — *Du concordat.* (C. de com., 504-528.)

Qu'est-ce qu'on nomme concordat? — Quel est le but du concordat? — Après que les délais prescrits pour l'affirmation des créances sont expirés, que doit faire le juge-commissaire? — Par qui est présidée cette assemblée des créanciers? — Les créanciers peuvent-ils se faire représenter par des fondés de pouvoirs? — Appelle-t-on le failli à cette assemblée? — Que font les syndics dans cette assemblée? — Qui dresse le procès-verbal de ce qui a été dit et fait dans celte assemblée ? — Afin que le concordat ou traité à intervenir puisse avoir lieu, que faut-il? — Si le failli vient à être poursuivi comme banqueroutier simple ou banqueroutier frauduleux, dans quel but les créanciers sont-ils convoqués?—Si le failli a été condamné comme banqueroutier, peut-il jouir du concordat? — Qui peut former opposition au concordat? — Quel est le tribunal qui prononce sur la valeur de l'opposition?—Si l'opposition est admise, qu'arrive-t-il?—Par quel tribunal le concordat doit-il être homologué, c'est-à-dire confirmé? — Le tribunal de commerce peut-il refuser l'homologation? — Le concordat étant homologué, est-il obligatoire pour tous les créanciers?—Le concordat étant homologué, que reste-t-il à faire aux syndics? — Que doit faire le failli qui a obtenu le concordat à l'égard des syndics? — Que doit faire le juge-commissaire ? 164

## Section 4. — *De l'union des créanciers.* (C. de com., 520-541.)

Quand les créanciers sont-ils de plein droit en état d'union? — Quelle est la conséquence de cet état d'union? — Dans l'état d'union, de quoi sont chargés les syndics ? — Quand doivent être convoqués par le juge-commissaire les créanciers en état d'union ? — Que doivent faire les syndics dans ces assemblées? — Lorsque la liquidation de la faillite est terminée, que doivent faire les syndics? — Le failli est-il appelé à la réunion où les syndics rendent leur compte? — Comment le montant de l'actif de la faillite est-il réparti entre les créanciers? — Avant la répartition des deniers de la faillite, que doit-on prélever? 165

## CHAPITRE III.

Section 1re. — *De la banqueroute.* (C. de com., 584-603.)

Qu'est-ce que la banqueroute? — Quelles sont les deux sortes de banqueroute?—Par quels tribunaux sont jugées la banqueroute simple et la banqueroute frauduleuse? — Quelle est la peine encourue par celui qui est jugé coupable de banqueroute simple?—Quelle est la peine infligée au banqueroutier frauduleux? — Dans tous les cas de poursuite ou de condamnation en banqueroute, est-il apporté

## CHAPITRE IV.

matière commerciale ? — La contrainte par corps une fois
obtenue, quand le débiteur ne peut-il pas être arrêté ?—
Citez quelques exemples des causes qui peuvent faire cesser
la détention avant le temps pour lequel le débiteur avait
été écroué. 171

## CHAPITRE V.

### Section 1re. — *Des tribunaux de commerce et de leur compétence.*

Parmi quelles personnes sont choisis les juges des tribunaux de commerce? — Où sont établis les tribunaux de
commerce? — Par quel tribunal sont jugées les contestations commerciales dans les villes qui n'ont pas de tribunal
de commerce? — Sous la surveillance de quel ministère
sont les tribunaux de commerce? — Pour quelles contestations les tribunaux de commerce sont-ils compétents? —
Qu'entendez-vous par compétence d'un tribunal? — Où
sont portés les appels des tribunaux de commerce? 172

### Section 2. — *Des conseils de prud'hommes.*

Où sont établis les conseils de prud'hommes? — Parmi
quelles personnes sont choisis les membres des conseils de
prud'hommes? — Quelles conditions doivent réunir les fabricants pour pouvoir être élus prud'hommes? — Quelles
conditions doivent réunir les chefs d'atelier ou contre-maîtres? — Quels sont les devoirs qu'ont à remplir les conseils
de prud'hommes? 174

## APPENDICE.

### NOTIONS SPÉCIALES

#### CONCERNANT LES ACTES SOUS SEING PRIVÉ.

Qu'entendez-vous par un acte authentique? — Qu'entendez-vous par un acte sous seing privé? — Quelles sont les
conventions que l'on peut faire, les engagements que l'on

peut prendre par acte sous seing privé? — Quels sont les contrats qu'il n'est pas permis de faire par acte sous seing privé? — Quelles sont les personnes qui ne peuvent valablement s'engager par acte sous seing privé? — Est-il indispensablement nécessaire d'écrire l'acte sous seing privé sur un papier timbré? — Si l'acte est écrit sur un papier non timbré perd-il de sa valeur? — A quels inconvénients est-on exposé si on n'écrit pas l'acte sur un papier timbré? — Que doit principalement énoncer un acte sous seing privé? — Une personne qui ne sait pas écrire peut-elle faire un acte sous seing privé? — Si cependant elle veut contracter comment peut-elle y parvenir? — Un acte sous seing privé peut-il être écrit par une personne qui n'est pas intéressée dans l'acte? — Si cela est fait ainsi que doit le faire le signataire? — N'y a-t-il pas des personnes qui sont dispensées d'écrire de leur main, au bas du corps de l'acte qu'elles n'ont pas écrit elles-mêmes, le *bon pour la somme de*........ exigé, et quelles sont ces personnes? — Comment doit être écrit un acte sous seing privé et que doit-il énoncer en toutes lettres? — Si un acte sous seing privé est bilatéral, en combien d'originaux doit-il être fait? — En quelle circonstance l'acte sous seing privé fait-il foi entre ceux qui l'on souscrit ou entre leurs héritiers? — Si celui qui a souscrit un acte sous seing privé vient à méconnaître sa signature, que doit-on faire? — Si la personne citée en justice pour reconnaître ou méconnaître sa signature fait défaut, qu'arrive-t-il? — Et si, se présentant devant le tribunal elle renie sa signature, qu'arrive-t-il? — Qui appelez-vous experts? — Quand l'acte sous seing privé a-t-il de l'effet à l'égard des tiers? — Comment un acte sous seing privé peut-il acquérir une date certaine? — Qu'est-ce que l'enregistrement d'un acte? — Les lettres de change ou autres effets négociables sont-ils soumis à l'enregistrement? — Quoique un acte sous seing privé soit fait avec toutes les formalités voulues, si le souscripteur refuse de remplir son engagement, peut-on l'y forcer en vertu de l'acte sous seing privé? — Si un jugement a rendu l'acte exécutoire, quelle est alors la valeur de l'acte?

176

FIN.

# TABLE DES MATIÈRES.

## NOTIONS PRÉLIMINAIRES.



## DROIT CIVIL.

### LIVRE PREMIER.

## LIVRE DEUXIÈME.

### CHAPITRE I<sup>er</sup>.



### CHAPITRE II.



### CHAPITRE III.



## LIVRE TROISIÈME.

### CHAPITRE I<sup>er</sup>.



### CHAPITRE II.



### CHAPITRE III.

### CHAPITRE IV.



### CHAPITRE V.



### CHAPITRE VI.



### CHAPITRE VII.

# DROIT COMMERCIAL.

## LIVRE PREMIER.

### CHAPITRE 1er.



### CHAPITRE II.



### CHAPITRE III.



### CHAPITRE IV.



### CHAPITRE V.

### CHAPITRE VI.



## LIVRE DEUXIÈME.

### CHAPITRE Ier.



### CHAPITRE II.



### CHAPITRE III.



### CHAPITRE IV.



### CHAPITRE V.



## LIVRE TROISIÈME.

### CHAPITRE Ier.

### CHAPITRE II.



### CHAPITRE III.



### CHAPITRE IV.



### CHAPITRE V.



# APPENDICE.



FIN.

# TABLE ALPHABÉTIQUE

## DES MATIÈRES.

FIN.

9 782016 133859